KB194577

인플루언싱: 영향력의 비밀

인플루언싱
영향력의 비밀

박성운 지음

ᴹ mindself

이 책을 펼치는 순간,
당신도 인플루언서가 된다.

# PROLOGUE

당신은 이미 인플루언서다

2013년 봄, 나는 부산으로 갔다. 공공연하게 밝히기는 부끄럽지만, 이유는 가출이었다. 아버지와의 마찰로 서른에 가까운 나이에 집을 나온 것이다. 그렇게 나는 아무런 계획도, 맞이해 주는 사람 한 명 없는 그곳에서 새 삶을 꾸려야 했다.

그 당시 통장의 잔고는 단돈 80만 원. 하는 수 없이 월세 20만 원 남짓의 1평짜리 고시원에 짐을 풀고, 일자리부터 구했다. 낮에는 카페에서 일하고, 저녁에는 이자카야에서 서빙을 했다. 그런 내 처지가 하도 서러워서 시도 때도 없이 눈물이 흘렀다. 지금 돌이켜봐도 너무나도 애처로운 시절이었다.

그로부터 꽤 오랜 시간이 흐른 2024년. 현재 나는 오랫동안 품어왔던 꿈을 하나씩 실현하고 있다. 우선 개인적으로는 4명의 아이를 둔 아빠다. 당신이 결코 잘못 읽은 게 아니다. 내 자녀는 무려 넷이다. 동시에 13만 명의 유튜브 구독자를 보유한 리더십·커뮤니케이션 전문가로 활동하고 있다.

사업적으로는 '806'이라는 브랜드를 빠르게 키워나가는 중이다. '사람과 문화, 배움이 있는 종합 라이프 스타일 브랜드'인 806은 글을 쓰는 지금, 복합문화공간 2곳과 테일러 숍, 온라인 매거진 등의 사업을 전개하고 있다.

광화문에 위치한 '클럽806 서울'은 이름만 대면 알 법한 글로벌 유수 기업과 명품 브랜드, 공공 단체, 언론사 등에서 교육 및 세미나를 위해 앞다투어 대관한다. 더불어 매달 다양한 분야의 사업가가 모여 네트워킹하고, CEO들을 위한 교육 프로그램도 이어 나가고 있다.

이러한 움직임 덕분인지 브랜드의 가능성을 알아봐 준 파트너들이 생기면서 2024년 8월, 부산의 중심 서면에 '클럽806 부산'을 오픈했다. 불과 몇 년 전까지만 해도 쓸쓸하게 혼자서 오가던 그 거리를, 이제는 지점 확장을 한 사업가로서 걷고 있으니, 인생은 아이러니의 연속이 아닐 수 없다 싶다.

이게 전부가 아니다. 806은 온라인 매체 〈매거진806〉도 운영하고 있으며, 인터뷰 프로그램 〈806 초대석〉을 메인으로 하는 공식 유튜브 채널에는 벌써 5,000명이 넘는 구독자가 모였다. 참고로 여기에서는 인터뷰를 통해 사업, 문화, 예술, 언론, 연예 등 자신의 분야에서 활약 중인 이들의 성장 전략과 인사이트를 전하고 있다. 이 외에도 지난 9월에는 맞춤 정장 브랜드 〈테일러806〉을 여의도에 오픈했다. 감사하게도 기대 이상의 반응을 얻으며, 오픈한 달여 만에 안정적인 매출을 잡아가고 있다. 한편 2025년에는 〈카페806〉도 오픈할 예정이다.

여태껏 나열한 모든 일은 10여 년 전, 부산의 좁고도 누추했던 고시원 책상 앞에 앉아 끼적인 메모에서 출발했다. 그때 나는 미래에 만들 회사의 조직도를 그렸고, 이는 놀라울 정도로 대부분 현실이 되어 내 눈앞에 펼쳐져 있다.

이제 와서 생각해 보면, 나는 늘 화가 나 있었다. 그리고 머릿속엔 항상 이런 생각으로 가득했다. '나는 왜 돈이 없지?', '나는 왜 인맥이 없지?', '나는 왜 되는 일이 없지?' 성장의 기회와 성공의 가능성이 모조리 가로막혀있는 것처럼 보였다. 세상이 나를 일부러 골탕 먹이고 있다고 확신했다. 매일 집안을 탓하고 세상을 원망했다. 그러던 중 다음의 2가지 사실을 깨달으면서, 내 삶은 안

개가 걷히듯 서서히 바뀌어 갔다.

> 첫째, 문제는 세상이 아니라 나에게 있다.
> 둘째, 사람들에게 영향을 끼치는 방법을 모른다.

이 깨우침은 내가 불평했던 질문에 대한 해답을 주었다. 돈이 없는 건 돈을 버는 원리를 몰라서였고, 인맥이 없는 건 인간관계의 본질을 몰랐기 때문이며, 늘 되는 일이 없어 우울했던 건 생각하는 법을 모르는 데서 오는 감정이었다. 즉, 상한 씨앗을 심은 건 나였는데도, 왜 썩은 열매가 맺히느냐고 한탄했던 셈이다.

더 나아가 나는 '영향력'이라는 속성과 관련해 무지했음을 인지했다. 그동안의 나는 사람들이 어떤 이에게 끌리는지, 고객이 어떤 상품과 서비스에 지갑을 여는지, 인생은 어떤 사람에게 기회를 부여하는지 전혀 알지 못했던 것이다.

만약 이 책을 집어 든 당신이 과거의 나와 같은 생각으로 분노에 차 있다면, 미안하지만 그 분노의 화살은 세상이 아닌 당신을 향해야만 한다. 내가 이 사실을 깨닫고 삶을 변화시킨 것처럼, 당신도 이 진리를 깨달아야 비로소 새로운 방향으로 삶을 전환할 수 있으리라 믿는다.

한 가지 더 일러두고 싶은 부분은, 이 책이 그저 마음만 들뜨게 하는 동기부여식 자기계발서가 아니라는 점이다. 성장을 위한 마음가짐을 갖는 것도 중요하지만, 실전에서 사용할 수 있는 실무 스킬을 갖추지 않으면, 삶은 결코 바뀌지 않는다.

이에 따라 '어떻게 상대방에게 영향을 미치는가?'를 핵심 주제로 두고, 그와 관련한 방법을 다음과 같이 크게 6가지 법칙으로 나누어 풀어냈다. 물론, 지금껏 내가 연구하면서 삶에 적용해 온 모든 정보를 책 한 권으로 전하는 데는 한계가 따를 테다. 그렇다고 핵심 내용을 구태여 숨기거나 불필요한 말로 분량을 늘리는 부끄러운 짓은 하지 않았다.

Rule 1. Greater Conviction: 보다 큰 확신

Rule 2. Unexpected Approach: 예상 밖의 접근

Rule 3. Over Deliver: 초과된 가치

Rule 4. Higher Status: 더 높은 지위

Rule 5. Power & Fear: 권위와 공포

Rule 6. Managing Reputation: 평판 관리

나는 이를 통틀어 '인플루언싱'이라고 부른다. '영향을 미치다'라는 뜻의 영어 단어 'influence'의 진행형이다. '상대방에게 영

향을 미치는 기술'이라는 뜻에서 사용하게 되었는데, 이 개념을 떠올린 건 벌써 4년 전의 일이다. 하지만 이를 내 삶에 적용해 실제로 성과를 내고, 자신 있게 책으로 펴낼 결심이 서기까지 적잖은 시간이 걸렸다. 이를 끈기 있게 기다려준 가족과 관계자, 팬들에게 진심으로 감사드린다.

본격적인 시작에 앞서, 질문 하나 해본다. "수많은 팔로워를 거느린 SNS 스타만이 인플루언서일까?" 내 답은 "No!"다. 미처 깨닫지 못했을 뿐, 당신도 누군가의 삶에 영향을 미치고 있는 인플루언서니까. 그리고 욕심을 더 내보자면, 당신이 이 책을 통해서 영향력의 속성을 이해하여, 진정한 의미의 인플루언서가 되었으면 한다. 분명, 당신의 영향력이 당신의 주변과 사회를 변화시키는 원동력이 될 것이므로.

후암동 서재에서
박성운 씀

Over Deliver : 초과된 가치

상대방이 지불한 가치 이상의 가치를 돌려줄 때 사람들은 영향을 받는다

 HigherStatus : 더 높은 지위

상대방은 자신보다 높은 위치에 있다고 믿는 사람에게 영향을 받는다

Power & Fear : 권위와 공포
상대방은 더해진 권위와 낮아진 공포에 영향을 받는다

Managing Reputation : 평판 관리
상대방은 당신이 부여한 기대치와 평판에 따라서 영향을 받는다

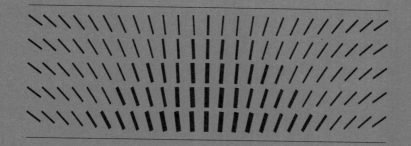

Rule 1

보다 큰 확신

상대방은 본인이 가진 확신보다
큰 확신을 가진 사람에게 영향을 받는다

GREATER
CONVICTION

나뭇가지에 앉은 새는
가지가 부러질까 봐 걱정하지 않는다.
새의 믿음은 가지가 아닌
날개에 있기 때문이다.

. . .

류시화, 《새는 날아가면서 뒤돌아보지 않는다》 중에서

확신의 크기가
곧 영향력이다

내게는 초라했던 과거의 기록이 아주 풍성하다. 고시원에 살던 때의 일기장과 사진들부터 호기롭게 사업자 등록을 하러 가는 길에 찍은 영상, 촬영 스튜디오를 폐업할 때의 현장 기록, 명동에서 접시닦이 아르바이트를 하던 무렵 창고에서 도시락을 먹는 영상 등 다양한 모습을 글과 사진, 영상 등으로 간직해 두었다.

이를 보고 한 동생이 물었다. "보통은 자기가 멋있고, 잘나갈 때의 흔적을 많이 남기잖아요. 반대로 삶이 보잘것없을 때는 꺼리고요. 그런데 형은 왜 이렇게 그런 자료가 많아요?" 나는 이 질문에 이렇게 답했다. "미래의 어느 순간에 반드시 성공할 거라고 믿어서야. 그래서 오히려 뜻대로 되지 않는 순간을 기록해 둬야 한다고 생각했어. 생생한 동기부여의 자료가 될 테니까."

만일 당신이 상대에게 영향을 미치고 싶다면, 가장 먼저 뜻을 세우고, 이를 반드시 이뤄낼 수 있다는 확신을 가져야만 한다. 나 역시 '반드시 목표를 달성할 수 있다.'는 확고한 신념이 있었기에, 몇 번을 망해도 다시 도전할 수 있었다. 결국에는 반드시 잘되리 라고 굳게 믿었던 것이다.

이런 확신의 크기로부터 비롯된 힘은 사업이든, 인간관계든, 삶의 모든 영역에서 발휘된다. 1970년대 초, 현대 故 정주영 회장 이 조선소 건설을 위해 영국 조선소를 방문했을 때, 관계자들은 우리나라의 기술력이 부족하다며 아이디어를 부정했다. 하지만 정주영 회장은 이순신 장군의 거북선 일화를 언급하면서 가능하 다고 외쳤고, 끝내 조선소 건설을 위한 차관을 얻어냈다. 또 알리 바바의 마윈은 기업 가치가 거의 없던 창업 초기에 소프트뱅크의 손정의 회장으로부터 2,000만 달러를 투자받았다. 놀랍게도 이 렇게 막대한 규모의 투자 결정을 내리는 데까지 걸린 시간은 단 5분에 불과했다. 이 두 사례에서 상대방의 마음을 움직인 힘은 무 엇이었을까? 논리적인 화술, 합리적인 근거 혹은 오랜 기간의 경력이었을까? 아니다. 말도 안 되는 기적을 일으킨 근본적인 힘은 반드시 할 수 있다는 확신과 어떻게든 해내겠다는 열정, 목숨을 걸고 지켜낼 비전이었다. 따라서 당신은 다음 문장을 평생 기억해야 한다.

"더 큰 확신을 가진 사람이 상대에게 영향을 미친다."

상대방이 이미 확신에 차 있다고 하더라도 내가 그보다 더 큰 확신을 가지고 있다면, 상대의 마음은 움직이게 되어 있다. 왜냐하면 신념은 하나의 에너지와도 같고, 에너지는 높은 곳에서 낮은 곳으로 이동하는 성질을 가지고 있어서다. 이는 이미 과학적으로도 증명된 사실로 열역학 제2의 법칙에 따르면, 에너지는 뜨거운 것에서 차가운 것으로 비가역적으로 흐른다고 한다. 그러므로 당신이 강력하게 품은 확신은 에너지가 되어, 상대방에게 전달될 수밖에 없다. 영국 조선소의 담당자들의 '당신의 나라는 해낼 수 없어.'라는 부정적 확신이 정주영 회장의 '우리의 가능성은 역사적으로 증명되어 있고, 반드시 해낸다.'라는 굳은 신념 앞에서 녹아내린 것과 같이 말이다.

제아무리 몸에 잘 맞는 고급 수트를 입고, 완벽하게 구성한 포트폴리오를 준비했더라도, 확신 없이 우물쭈물하는 사업가에게 투자할 투자자는 없다. 마찬가지로 높은 학력과 우수한 성적을 가지고 있지만, 우울하고 불안해하는 사람과 함께 일하고 싶어 할 사람은 없다.

사람의 마음을 움직이는 근본적인 열쇠는 믿음이다. 안타깝게도 이러한 영향력의 본질을 모르는 사람들은 핵심에 다다르지 못한 채, 부가적 요소에만 치중한다. '외모를 더 멋지게 가꿔야겠군.', '새로운 강의 코스를 수강해서 전문성을 키워볼까?', '홈페이지를 더 세련되게 만들어야겠어.', 'SNS 팔로워가 너무 적은데……', '서비스 업그레이드가 필요한가 봐.' 하면서 말이다.

혹시나 오해는 하지 말았으면 한다. 절대 이런 노력 자체가 나쁘다는 게 아니다. 다만, '내면의 확신'이라는 본질을 놓치고, 오직 "더! 더! 더!"를 외치는 것만으로는 부족하다는 뜻이다. 실제로 정말 많은 사람이 이미 충분히 대단한 실력과 양질의 상품, 서비스를 가지고 있음에도 불구하고, 고전을 면치 못하고 있다. 원인은 분명하다. 영향력의 기본 속성인 '확신'의 힘을 모르기 때문이다.

세계적인 래퍼인 칸예 웨스트도 미래의 자신이 성공하리라고 굳게 믿으며, 활동 초창기에 본인의 음반을 홍보하던 모습을 영상으로 만들어 두었다. 유튜브에 게시된 옛 영상 속에는 앳된 얼굴의 칸예가 당시 유명 아티스트들에게 무시와 홀대를 당하던 모습이 고스란히 담겨있다. 퇴짜를 맞거나 성의 없는 응대를 당하는 와중에도 열심히 자신의 음악을 소개하는 모습을 보고 있자면, 안타까움마저 든다. 그러나 시간이 흘러 그는 세계적인 스타가 되었다. 반면, 그를 홀대하던 아티스트는 잊혔거나 그보다 영향력 없는 존재로 머물러있다.

그러니 다시 한번 이 말을 가슴속에 아로새기기를 바란다. "더 큰 확신을 가진 사람이 상대에게 영향을 미친다." 그렇다. 확신의 크기가 곧 영향력을 결정한다. 강한 확신은 상대의 마음에 굳게 걸린 빗장을 푸는 열쇠다. 당신의 확신이 크면 클수록 결국 더 많은 사람에게 닿을 것이고, 결국 당신의 서러웠던 과거는 자랑스러운 역사가 될 테다.

내면의 목소리를
통제하라

내가 세미나를 진행할 때마다 빼먹지 않는 프로그램이 하나 있다. 바로 '내면의 목소리 체험'이다. 매우 간단하지만, 그 효과는 꽤 강력하다.

　방법은 다음과 같다. 참가자 중 한 명을 무대에 불러내어 꿈 또는 목표를 묻는다. 그런 다음, 다른 참가자들 앞에서 그것을 소리 내어 말하게 한다. 핵심은 이어서 내가 하는 행동이다. 이해를 돕기 위해 어느 교육생의 사례를 있는 그대로 옮겨 적어 본다.

나	본인 목표를 사람들에게 말해주세요.
참가자	저는 40세에 엑시트*를 하고, 세계 여행을 하려고 합니다.
나	엑시트는 아무나 다 할 수 있는 거예요?
참가자	아니요. 하지만 저는 해낼 수 있습니다.
나	본인이 그럴만한 능력이 있다고 생각해요?
참가자	아직은 없지만, 고수들을 찾아다니며 배우고, 도전할 겁니다.
나	고수는 아무나 만나준다고 합니까? 시간 낭비하지 마시고, 포기하세요.
참가자	……

어디까지나 교육을 위한 상황극임을 사전에 고지하더라도, 대부분의 참가자는 진땀을 흘리며, 움츠러든다. 그런데도 이런 가혹한 세션을 진행하는 이유는 내면의 목소리를 통제하는 방법을 익히게 하기 위해서다.

커뮤니케이션에는 반드시 마스터해야 하는 2가지 형태가 있다. 첫 번째는, 외적 커뮤니케이션으로 우리의 입에서 나오는 모든 말이 여기에 해당한다. 두 번째는, 내적 커뮤니케이션으로 자기 자신과 나누는 내면의 대화를 일컫는다.

---

* 엑시트(Exit): 회사를 성장시켜 매각하는 것

이 중 후자는 의식과 무의식 전반에 걸쳐 일어나는데, 개인의 믿음 체계에 그 기반을 둔다. 예를 들어, 식사 메뉴 선정부터 직장 동료와의 관계, 업무와 관련한 태도와 제품에 대한 믿음 등 삶의 모든 부분에서 내적 커뮤니케이션이 일어난다. 다시 말해, 내적 커뮤니케이션이 나의 영향력 형성에 결정적인 요소로 작용한다고 볼 수 있다. 그래서 내적 커뮤니케이션의 한 형태인 내면의 목소리를 듣는 시간을 가져보는 것이다.

생각해 보라. 당신이 뛰어난 실력을 갖추고 있고, 부자가 될 수 있는 전문성과 인맥을 보유하고 있더라도, 내면에서 이렇게 소리치고 있다면 어떤 결과가 나올지 말이다. '너보다 뛰어난 사람은 많아.', '이 정도로 어디에 명함을 내밀어?', '내 제안을 거절당할까 봐 걱정돼.', '사람들이 우습게 보면 어떡하지?' 과연 사람들이 당신을 믿고, 따를 수 있을까? 아니다. 내면의 목소리가 온통 당신을 부정하고 있어서, 결코 기량을 제대로 펼칠 수 없다. 그러므로 긍정의 영향력을 행사하는 사람이 되고 싶다면 즉, 진정한 의미의 인플루언서가 되고 싶다면, 내면의 목소리부터 바꿔야 한다.

모든 성취의 시작과 끝은 '멘탈 싸움'이다. 생각이 곧 당신의 성공 여부를 담판 짓는다는 진실을 간과해서는 안 된다. 더불어 어떠한 상황에 놓이더라도 가슴을 펴고, 자신감을 가져야 한다.

내면의 목소리가 "넌 안 돼!"라고 소리치면, 그보다 더 큰 목소리로 호통쳐라. "난 돼!"라고 말이다. 그렇게 아래에 소개한 이들처럼 다다르고 싶은 장면에 나 자신을 데려다 놓아라.

해리포터를 집필한 조앤 K. 롤링은 어머니의 사망과 이혼, 실업, 우울증 등으로 어려움을 겪는 와중에 책을 썼다. 완성된 원고를 출판사 12곳에 보냈지만, 모두 거절당했다. 그러나 그녀는 결국 출판을 승인받았고, 해당 시리즈는 세계적인 성공을 거뒀다. 소니의 공동 창업자이자 회장이었던 모리타 아키오 역시 "주머니에 들어가는 라디오를 만들겠다."라고 선언한 뒤, 임원진과 연구원들의 숱한 의심에 부딪혔다. 그러나 마침내 '워크맨' 개발에 성공했고, 음악 감상 문화를 혁명적으로 바꾸었다. 또 윈스턴 처칠은 제2차 세계 대전 초기, 나치 독일이 유럽 대륙을 석권해 영국을 고립시켰을 때, 연설을 통해 "영국은 약해지거나 실패하지 않을 것입니다. 우리는 끝까지 싸울 것입니다. 우리는 절대 항복하지 않을 것입니다."라며 국민들의 마음을 어루만졌다. 그렇다고 해서 그들의 마음속에 좌절과 부정, 의심과 회의, 절망과 한탄의 소리가 울려 퍼지지 않았을까? 그럼에도 불구하고 확신의 목소리로 눌러 내리며, "상황이 어떻든 나는 해낼 것이다."라고 호통쳤을 테다.

이 같은 원리를 알고 있는 나는, 앞에서 언급한 상황극을 연출할 때도 참가자에게 내가 부정하는 소리보다 더 크게 소리 지르라고 한다. 긍정과 확신의 목소리가 부정과 의심의 목소리를 덮을 정도로 크면, 비로소 앞으로 나아갈 수 있는 힘을 얻게 되니까. 하지만 안타깝게도 많은 사람이 자기 생각과 주장을 펼치는 데 있어서 자신 없어 한다. 그런 그들을 볼 때마다 이렇게 묻고 싶어진다. "지금 본인이 하는 말에 확신이 없죠?" 흔들리는 눈빛과 기어들어가는 목소리 그리고 불안한 제스처가 내게 이렇게 소리치고 있어서다. "저는 자신이 없습니다! 정말로요!" 그럴싸한 멘트와 억지로 꾸민 미소만이 있을 뿐, 그 안에는 불안과 공포로 가득 차 있다. 당연히 그런 상태로는 누구에게도 영향력을 미칠 수 없다.

만약 당신이 상대방에게 영향력을 행사하고 싶다면, 누구부터 영향을 끼칠 수 있어야 할까? 두말할 것 없이 자기 자신이다. 그러려면 자기 자신과의 대화를 제대로 나눌 수 있어야 한다. 내면의 목소리를 통제하는 방법을 익히고, 연습해야 한다. 그렇지 않으면, 아무리 최고의 상품과 최상의 실력을 갖추고 있다 하더라도 세상에 제대로 꺼내 놓을 수 없다.

한번 더 강조한다. 내면의 목소리를 통제해라. 두려움이 올라올 때, 더 큰 목소리로 당신의 의지를 드러내라. 그것이 영향력을 키우기 위한 첫 번째 수행 과제다.

확신보다 강력한
'이것'의 힘

지금까지 '확신'에 대해 거듭 강조했다. 내면의 확신이 없이는 상대방에게 영향력을 행사할 수 없으며, 성취를 위해서는 반드시 강력한 믿음을 가져야 한다고 말이다. 워낙 강한 어조로 이야기한 탓에 글을 읽고 있음에도, 마치 옆에서 누가 소리를 친 느낌이 들었을지도 모르겠다. 그만큼 진심을 담아서 쓰고 있다는 뜻이니, 부디 나의 마음이 당신에게도 닿았으면 좋겠다.

사실, 확신보다 더 중요한 핵심은 따로 있다. 어떠한 시련에도 흔들리지 않는 강철 같은 신념도, 무슨 일이 있어도 절대 꺾이지 않는 불굴의 의지도, '이것'에는 절대 당해낼 수 없다. 그것이 무엇일까? 바로 '앎'이다.

만약 누군가가 나에게 와서 "당신은 남자가 아니야!"라고 소리친다면, 나는 어떻게 반응할까? 슬프거나 우울해할까? 아니면 화를 내거나 불안해할까? 아니다. 너무 황당해서 웃어넘길 것이다. 왜냐하면 나는 내가 남자라는 사실을 '믿지' 않고, '알고 있기' 때문이다.

그런데 많은 사람이 확신을 갖는 데 있어서 어려움을 겪는다. 개인 상담을 요청해 오는 클라이언트도, SNS의 댓글이나 DM에도, 스스로에 대한 믿음이 없어서 시작조차 할 수 없다는 고민을 털어놓는 경우가 허다하다. 어쩌면 이 글을 읽고 있는 당신도 그럴지 모르겠다. 어떤가? 혹시 당신도 내면의 확신을 가지지 못해 괴로워하고 있지는 않은가? 여기서 내가 "다들 그러니 힘내세요." 라고 따뜻한 위로의 말을 건네면 좋겠지만, 나는 채찍을 들어야겠다. "그런 나약한 소리는 이제 그만하고, 당장 움직이세요!"라고 말이다.

확신을 가지지 못하는 대다수는 그들이 말한 대로 '시작을 하지 못했기 때문'이다. 상상으로만 시뮬레이션할 뿐, 직접 몸으로 부딪쳐 보지 않았으니 현실을 알 수 없다. 당연히 성취의 쾌감을 맛볼 수 없고, 패배자의 사고방식이 머릿속에 자리 잡는다. 이들에게 내가 제시하는 솔루션은 '미니어처 성공'이다. 쉽게 말해, 내가 이루고 싶은 결과를 축소판으로 달성해 보라는 것이다.

가령, 당신이 뉴욕의 카네기 홀에서 강연회를 열고 싶다고 해 보자. 그럼, 어떤 미니어처 성공에 도전해 볼 수 있을까? 학생이라면, 강의실에 친구 몇 명을 모아놓고 미니 강연회를 연다든지, 집에서 가족을 앞에 두고 스피치를 진행할 수도 있겠다. 발표 모임에 들어가 실력을 갈고닦는 방법도 좋다. 이런 작은 성취를 반복해서 거두고 나면, 당신이 했던 구상은 현실의 경험으로 바뀌며, 확신을 만들어내는 초석이 된다.

나는 이러한 원리를 교육 사업에 적용하여 돈을 벌었다. 2018년 봄은 내 커리어의 본격적인 출발이 이뤄진 시기였는데, 교육 사업이 하고 싶었던 나는 같은 공유 오피스를 이용하는 6명을 초대해 무료 특강을 열었다. 강의를 직접 기획해서 진행해 보니 예상보다 반응도 좋고, 재미도 있었다. 특히 '잘할 수 있다!'는 믿음을 '잘할 수 있구나!'라는 앎으로 바꾸어준 경험이었다.

더불어 이 미니어처 성공은 '내가 강의로 사람들을 만족시킬 수 있을까?'라는 두려움이 들 때마다 '역시 해낼 수 있다.'는 자신 감의 근거가 되어 주었다. 덕분에 유료 원데이 클래스를 열 수 있 었고, 그 뒤로 조금 더 긴 시간을 이어가는 세미나, 장기간 그룹으 로 진행하는 워크숍, 한 명을 집중적으로 케어하는 코칭과 컨설 팅 서비스로 차근차근 확대해 나갔다.

그러니 확신을 가지지 못해 괴로워하는 당신이 지금부터 해 야 할 일은 믿음을 앎으로 발전시키는 것이다. 어떻게? 직접 행동 하고, 실천함으로써! 조그만 일이라도 도전하고, 성취하는 과정 을 반복하면, 당신은 더 많은 일을 해낼 수 있게 될 것이다. 당신 이 꿈꾸는 미래의 성공을 위해 지금 당장 만들어낼 수 있는 미니 어처 성공은 무엇인가?

허세 대신
자신감과 자존감을 채워라

주변에 영향을 미치는 사람들에게는 공통점이 있다. 높은 자신감
과 자존감을 지니고 있다는 사실이다. 그들은 주위 사람들이 자
신을 어떻게 생각하는지 아랑곳하지 않고, 본인의 목표 달성을
위해 모든 것을 쏟아붓는다. 그 과정에 세간의 손가락질을 받을
지언정, 그들은 포기하지 않는다.

대표적인 인물로 일론 머스크를 들 수 있다. 그는 전기자동차
의 대중화를 꿈꾸며 테슬라를, 우주선의 재사용과 인류의 화성
이주라는 원대한 목표에 따라 스페이스X를 설립했다. 그뿐만 아

니라 인간의 뇌를 컴퓨터와 연결하는 뉴럴링크와 같이 혁신적이면서도 과감한 프로젝트를 공표해 온갖 조롱과 의심, 비판을 받고 있다. 그럼에도 그는 한 인터뷰에서 자신이 죽거나 병으로 무기력해지지 않는 한 결코 포기는 없다고 고백했다. 더불어 사람들로부터 호감을 받고자 한 일이 아니기에 부정적인 시선에 전혀 타격을 받지 않는다고도 했다.

그렇다면 이런 높은 자신감과 자존감은 어떻게 만들어지는 것일까? 그 전에 두 단어의 개념을 명확하게 인지해야 할 필요가 있다. 개인적으로 한자능력검정시험 1급을 취득했을 만큼 한자를 좋아하고, 중요하게 생각한다. 한자를 알아두면, 단어가 가진 진정한 의미와 본질을 명확하게 알 수 있어서다. 따라서 자신감과 자존감의 개념도 한자의 의미를 살펴보며 설명할까 한다.

먼저 자신감의 한자인 '자신自身'은 '스스로를 믿는다'는 뜻이다. 이때 '믿는다'는 것은 실제로 존재하지 않는 상태다. 쉽게 말해, 본인의 능력치가 3이라고 하더라도 10만큼 해낼 수 있다고 믿는 마음이 자신감이다.

다음으로 자존감의 '자존自尊'은 '스스로를 존중하는 마음'을 의미한다. 이는 자신의 가치를 온전히 인식하는 것으로서 자신감과는 약간의 차이가 있다. 즉, 자신감이 '없는 것을 믿는 마음'이라면, 자존감은 '가감 없이 현재 상태를 받아들이는 마음'이다. 따라서 자존감은 본인의 능력치가 3이라면 '아, 내가 지금 3만큼 할 수 있구나.' 하고 인식하는 상태다. 이를 다른 말로 '메타인지'라고도 하는데, 자기 스스로를 객관화해서 볼 수 있는 능력으로 이해하면 된다. 그래서 자존감이 높은 사람들은 주변의 의견에 휘둘리거나 쉽게 상처받지 않고, 자기의 길을 걸을 힘이 있다. 자신의 현재 상태를 정확히 간파하고 있는 덕분이다.

반면, 허세를 부리는 사람도 있다. '허세虛勢'의 한자를 풀이하면, '없는 데 있는 척하는 것'으로 얼핏 '없는 것을 믿는다'는 자신감과 비슷하게 보일 수도 있다. 둘 다 없는 것을 믿거나 혹은 드러내는 것이라서 그렇다. 그런데 이 둘을 완전히 구분하는 기준이 있다. 바로 '노력의 여부'다. 자신감은 본인이 없는 것을 해낼 수 있다고 믿으며, 행동을 통해 괴리를 채워간다. 그러나 허세는 '있는 것처럼 보이게 하는' 데서 그친다. 그러니 자신감이 자칫 허세로 비칠 수도 있고, 실천과 노력이 따르지 않으면, 자신감도 결국 허세로 전락할 수 있는 것이다.

이 내용을 바탕으로 자신감과 자존감을 키워, 진정한 영향력을 발휘할 방법을 알아보자. 그에 앞서 다음 문장을 소리 내어 읽은 후, 가슴 깊이 새기길 권한다.

> 자신감은 과거로부터 오는 것이고,
> 자존감은 현재로부터 시작되며,
> 허세는 미래에만 존재하는 것이다.

자, 지금부터 구체적으로 생각해 보자. 당신이 다이어트에 성공할 수 있다는 자신감을 갖고 싶다면, 어떻게 하면 될까? 단 3일이라도 식단 관리에 성공해 봐야 한다. 또 성공한 사업가가 되고 싶다면, 단돈 10,000원짜리 상품이나 서비스라도 개발해 판매해 보는 경험을 해봐야 한다. 그래야 좀 더 큰 목표를 이뤄낼 수 있다는 믿음을 마음에 품을 수 있다.

내가 클럽806 부산과 테일러806 여의도점을 오픈할 때도 마찬가지였다. 이전까지 나는 본격적인 인테리어 공사를 경험해 본 적이 없었다. 하지만 개인 사무실과 클럽806 서울 공간을 마련하며 셀프 인테리어를 해봤기에 스스로를 믿고, 도전할 수 있었다. 이렇듯 자신감은 강한 결심만으로 생기는 게 아니다. 반드시 '행동을 통한 경험'이 따라야 한다. 실천을 통해 만들어낸 실제 성취가 믿음의 근거가 되어 '자신'을 만들어낸다.

다음으로 자존감은 현재로부터 온다고 했다. 자기 자신을 정확히 아는 게 자존감의 핵심이라서 그렇다. 내가 가진 게 3인데도 불구하고, 그 이하 또는 그 이상으로 가진 것으로 착각하고 있다면, 당연히 주변 의견에 흔들리게 되고, 반복되는 실수의 굴레에 빠지기 십상이다.

가령, 자신의 서비스가 완벽하다고 믿는 사업가는 주변의 의견을 받아들이지 않아서 개선이나 발전을 하지 못한다. 본인의 운동 수행 능력에 문제가 있음을 제대로 알지 못하는 선수는 '대전운이 나쁘다.' 혹은 '역시 나는 재능이 없다.'와 같은 부정적 생각에 휩싸여 자존감을 무너트린다. 수험생은 어떨까? '아는데 틀렸다.'는 착각으로 오답노트 만들기를 비롯한 추가 학습을 하지 않아 틀린 문제를 또 틀리는 실수를 저지르곤 한다.

내가 유튜브를 시작했을 때, 이와 비슷한 경험을 했다. 초보 크리에이터 시절, 생전 처음 받아보는 악성 댓글들에 적지 않은 마음의 상처를 받았다. 나를 깎아내리는 듯한 거친 말투에 콘텐츠를 만드는 게 두렵기까지 했으니까. 심지어 긴 시간 공들여 만든 내 영상을 비하하는 사람들에게 분노의 마음도 품었다. 그러다가 생각을 바꾸어서 내 콘텐츠에 정말 문제가 없는지, 보완해야 할 부분이 없는지 점검해 보기로 했다.

결론부터 말하면, 댓글을 바탕으로 나는 영상의 품질을 업그레이드할 수 있었다. "화장실에서 찍었냐? 소리가 울려서 못 들어주겠네."라는 반응에 성능 좋은 마이크를 장만했고, "도입부가 너무 길어 지루해서 보기 싫어진다."라는 내용을 보고는 인트로를 짧고, 임팩트 있게 구성했다. 이 외에도 여러 의견을 냉정하게 받아들이고, 콘텐츠 개선에 적극적으로 적용했다.

만일 내가 위와 같은 댓글에 화만 내고 있었다면, 무너진 자존감으로 인해 콘텐츠 제작을 지속할 수 없었을 것이다. 하지만 있는 그대로의 현실을 바라보고, 나를 객관적으로 평가한 덕분에 채널 성장과 함께 수강생도 늘어났다.

따라서 자존감을 키우고 싶다면, 메타인지 능력을 키워야 한다. 그러려면 일단, 본인에 대한 환상이나 근거 없는 자신감은 내려둬야 한다. 다음으로 나의 현재 상태를 명확하게 분석하고, 따져보는 시간을 가져야 한다. 사업가든, 운동선수든, 수험생이든, 그 누구든지 자기 자신에 대한 철저한 피드백이 없으면, 반복되는 실수의 굴레에 빠지는 건 순식간이다.

친구들에게 인기가 많은 사람이 되는 것도, 고객들에게 사랑받는 비즈니스가 되는 것도, 국민의 지지를 얻는 정치인이 되는 것도, 결국은 자신감과 자존감으로부터 비롯된다. 그러니 어려운 상황에서도 해낼 수 있다는 의지와 함께 당당한 도전을 이어가고 싶다면, 주변 시선과 의견에 흔들리지 않고 목표한 바를 이뤄내고 싶다면, 자신감과 자존감을 키우고, 허세를 없애야 한다. 그렇게만 된다면, 분명 당신의 영향력은 자연스럽게 커질 것이다.

일이 잘될 때는 백반을, 안될 때는 프랑스 요리를

"일이 잘될 때는 웃는 얼굴로 백반을 먹고,

일이 잘 안될 때는 프랑스 요리를 먹도록 하라."

일본의 부자 사이토 히토리가 쓴《부자의 인간관계》에 나오는 구절이다. 여기에는 돈이 많더라도 수수한 생활을 즐길 줄 알고, 어려운 상황이 닥치더라도 대처할 수 있을 만큼 저축을 하라는 저자의 의도가 담겨 있다. 그런데 나는 조금 다르게 받아들이며, 큰 감명을 받았다. 내 해석을 한 문장으로 요약하면 이렇다. "작은 일에 일희일비하지 말고, 마음을 한결같이 유지하라."

모든 성장은 선형으로 이뤄지지 않는다. 시작과 동시에 직선으로 쭉 성공 가도를 달리는 일은 존재하지 않는다는 말이다. 오르막길이 있으면 내리막길도 있고, 내리막길이 있으면 오르막길도 있다. 이는 부정할 수 없는 삶의 진리다.

실제로 세상의 모든 영향력 있는 인물은 그 굴곡이 크든, 작든, 쓰라린 패배와 좌절을 맛보았다. 링컨 대통령은 여러 차례 선거에서 패배했으며, 스티브 잡스는 자신의 회사에서 쫓겨났다. 넬슨 만델라는 27년간 옥중 생활을 했다. 그럼에도 그들은 고난을 이겨냈고, 역사의 한 페이지를 장식했다.

당신도 분명히 삶에서 수없이 많은 시련을 겪었을 테다. 어쩌면 이 책을 읽는 지금 이 순간이 인생의 암흑기일지도 모른다. 반대로 인생 최고의 순간을 보내고 있을지도 모르며, 혹은 머잖아 생각지도 못한 성공을 맞이하게 될 수도 있다. 그러나 우리는 모든 순간에 초연해지는 연습을 반드시 해야만 한다.

가령, 일이 잘된다면, 여세를 몰아 달리는 말에 채찍질을 하길 바란다. 몇 번의 성공에 자아도취 해서 코스 요리를 즐길 게 아니라 간단하게 식사를 해치우고, 얼른 다시 일에 몰두하라는 말이다. 하지만 일이 잘 풀리지 않을 때는 머리를 쥐어뜯거나, 절절매지 않았으면 한다. 그럴수록 잠시 일에서 손을 떼고, 환기를 시켜라. 삶에는 에너지의 흐름이 있어서, 일이 잘될 때는 약간의 노력만으로도 나아가기가 쉽고, 안될 때는 뭘 하려고 해도 문제가 생기기 때문이다. 다음 사례만 보더라도 스트레스 상황에서 하는 의사 결정이 얼마나 비효율적인지 알 수 있다.

한 연구팀에서 '빈곤이 인지 기능에 미치는 영향'을 알아보기 위해 인도의 사탕수수 농부들을 대상으로 수확 전후의 인지 기능 테스트를 실시했다. 그 결과, 재정적으로 어려운 시기인 수확 전에는 현저히 낮게, 그보다 훨씬 여유로운 수확 후에는 크게 향상된 것으로 나타났다. 이를 IQ로 환산하면 무려 13포인트 차이로, 수면 부족이나 알코올 중독이 인지 기능에 미치는 영향과 비슷한 수준이라고 한다. 즉, 경제적인 압박이 뇌의 인지 기능을 떨어뜨림을 과학적으로 증명한 셈이다.

물론, 이를 모든 스트레스 상황에 일반화하여 적용하는 건 지나친 확대 해석일 수 있다. 그러나 무언가에 압박받는 상황에서 의사 결정을 하기보다는, 스트레스 요인을 줄이거나 의도적인 휴식과 환기가 필요하다는 점을 시사하고 있다. 정신적으로 에너지가 고갈된 상태에서는 일 처리에 더 많은 시간이 소요될 뿐만 아니라 장기적인 계획 수립을 어렵게 만드니까. 이것이 일이 잘될 때는 웃는 얼굴로 백반을 먹고, 일이 잘 안될 때는 프랑스 요리를 먹어야 하는 이유다.

이쯤에서 질문 하나를 해본다. "만일 당신의 성공이 보장되어 있다면, 어떻게 행동할 것인가?" 당장의 어려움에 굴복하고 포기할까? 아니다. 어차피 잘되리라는 확신이 있다면, 최악의 순간에도 숨을 고를 수 있는 여유를 챙길 수 있을 테다.

28살의 늦은 나이에 출가도 아닌 가출을 했던 나도 그랬다. 그 당시, 주변 친구는 모두 회사에 취직해서 제 몫을 톡톡히 해내던 반면, 나는 연고도 없는 곳에서 최저 시급을 받으며 일했다. 심지어 나의 방은 빛도 들어오지 않는 1평짜리 고시원이었다. 그래도 벽에는 항상 이런 문구가 붙어있었다. "회장님, 오늘도 고생하셨습니다."

이렇게 긍정의 미래를 그리기 힘든 순간에도 밝은 앞날을 꿈꿀 수 있었던 건 확신을 품은 덕분이다. 그리고 이 확신은, 앞서 말한 바와 같이 과거의 성공 경험이 밑거름이 되어주었다. 순수 국내파임에도 2개 외국어 특기자로 한국외대 수시 1차 전형에 합격했던 일, 예술 관련 학과가 전무했던 학교에서 3차례의 개인전을 열어 200만 원의 수익을 낸 경험 등이 그것이다. 그 과정에서 나는 '노력하면 반드시 된다.'는 삶의 진리를 깨우쳤고, 이 사고방식은 유튜브 채널을 운영할 때도, 교육을 할 때도, 806 브랜드를 키울 때도 똑같이 적용되어 성과로 이어졌다.

인생의 굴곡은 삶을 초라하게 만들지 않는다. 오히려 인생을 더욱 다채롭고, 아름답게 만든다. 자연도 울룩불룩 솟은 산맥이 웅장함을 더하고, 굽이굽이 이어지는 해안선이 황홀한 광경을 만들어낸다. 이와 같은 사실을 마음에 새겨둔다면, 비로소 당신도 일이 잘될 때는 백반을, 일이 잘 안될 때는 프랑스 요리를 먹을 수 있는 멘탈을 갖게 될 것이다. "꾸준히 하면, 반드시 된다." 2017년, 첫째 아이가 태어났는데도 독립하지 못하고, 부모님 집에 얹혀살던 그때, 미래의 목표를 적은 노트의 맨 위에 적어둔 문장이다.

다시 한번 말한다. 일이 안될 때는 성급하게 결정을 내리기보다 한 발짝 물러나 심호흡해라. 에너지가 고갈된 뇌에 회복할 틈을 주고, 찬찬히 생각해라. 모든 밤은 지난다. 아침이 오기 전에 쓰러지지만 않는다면, 반드시 당신에게는 기회가 온다. 더 나아질 그날을 위해 지금을 버텨내라.

Rule 2

예상 밖의 접근

상대방이 기대한 결과를 벗어난 행동이 일어날 때
사람들은 영향을 받는다

세상을 다르게 보는 사람들이
세상을 바꾼다.
. . .
애플 〈Think Different〉 캠페인 내용 중에서

패턴을 깨면
상대가 끌려온다

지난 2022년 10월 24일, 대한항공 여객기 한 대가 기상 악화로 비정상 착륙했다. 여객기에는 승객 162명과 승무원 11명이 타고 있었으며, 다행히 인명 피해는 없었다. 그런데 나는 이 사고와 관련한 기사들을 읽다가 한 가지 흥미로운 사실을 발견했다. 비행기에 탑승했던 승객들이 대체로 다음과 같은 반응을 보였다는 점이다.

"비상 착륙한다는 기장 방송 이후, 모든 승무원이 소리를 질러서 더 놀랐다."

"승무원이 '머리 박아!'를 반복하며, 소리를 질렀다."

"침착해야 할 승무원들이 오히려 더 당황한 것처럼 보였다."

한마디로 탑승객들은 승무원들의 고압적인 태도로 인해 불안감과 공포감을 더 크게 느꼈다는 것이다. 분명 비상 상황에 대처하도록 철저히 훈련받았을 승무원들이 왜 그렇게 당황한 것일까? 왜 그들은 차분하게 승객들을 안심시키지 않고, 오히려 큰 소리로 명령을 한 것일까? 이에 대한 궁금증을 속 시원하게 해결해 줄 실험 하나를 소개한다.

JTBC 뉴스에서 '비상 상황에서 승무원의 태도에 따른 탈출 속도'를 비교 측정하는 실험을 한 적이 있다. 동일한 비상 상황이 발생했다는 가정하에 한 번은 존댓말로 차분하게, 또 한 번은 명령조로 긴박하게 탈출을 유도했다. 과연 어떤 차이가 있었을까? 첫 번째 실험조가 전원 대피에 걸린 시간은 총 1분 44초였다. 반면, 반말의 강한 어조로 승무원들이 승객을 밀면서 대피시킨 두 번째 경우는 총 1분 11초가 소요됐다.

이로 미루어보았을 때, 더 많은 탑승객이 패닉에 빠진 실제 상황에서 승무원들이 친절하고 부드럽게 대피를 유도한다면, 생존 가능성은 절망적으로 떨어질 테다. 그러니 승무원들은 비상시에 반말로 명령하듯이 대피를 유도할 수밖에 없다. 즉, 승무원들의 긴박한 말투와 행동이 승객들로 하여금 비상 상황임을 인지하게 만들고, 이때 명령조로 내리는 짧고 강한 지시 사항이 사람들에게 더욱 효과적으로 작용하는 것이다. 그럼, 무엇이 이런 결과를 가능하게 할까? 그 근거를 알아보기 전에 비슷한 상황의 예를 하나 더 들어본다.

일반적으로 예측할 수 있는 상황이 벌어졌을 때, 사람들은 당황하지 않거나 혹은 잠시 놀라더라도 금방 이성을 되찾아 합리적인 판단을 할 수 있다. 가령, 업무 도중에 모르는 번호로 걸려 온 전화를 받았는데 "고객님, 안녕하세요."라는 인사말이 나온다면, 십중팔구 "광고네."라며 이내 끊을 테다. 여러 번의 경험을 통해 이후에 이어질 상황을 예상할 수 있어서다. 선거 홍보 안내도 마찬가지다. 틀에 박힌 소개가 들려오면, 말이 채 끝나기도 전에 대부분 전화를 끊는다.

그러나 지난 2022년 대선에서 한 후보는 색다른 전략을 펼쳤다. 바로 허경영 후보다. 그는 본인의 육성으로 전화를 했고, 지지 여부와 상관없이 초기에 많은 사람이 이 광고에 반응했다. 전화 상담원의 억양이 아닌 유명인의 자연스러운 목소리가 수화기에서 흘러나오는 일은 일반적으로 예상하기 어려우니까. 덕분에 이

마케팅은 각종 SNS에서 한동안 회자되기도 했다.

이처럼 예상 밖의 광경이 펼쳐졌을 때 사람들이 반응하는 이유는, 다름 아닌 뇌의 특징에 있다. 평상시에 사람들의 '사고 흐름 Think Pattern'은 정적으로 흐른다. 그런데 예상치 못한 상황이 일어나는 순간, 그 패턴이 무너지면서 뇌는 잠시 혼란에 빠진다. 이때를 틈타 지시 사항들이 빠르게 전달되면, 일시적으로 뇌에 과부하가 걸리며, 현재 의식이 잠시 마비된다. 납득하기 어려운 상황을 이해하려다 보니 생기는 현상이다. 이로 인해 사람들은 자신도 모르게 외부의 지시에 응하게 된다.

이 글의 서두에서 언급한 비상시 승무원들의 행동도 같은 원리를 적용했다고 할 수 있다. 갑작스럽게 발생한 비상 상황으로 승객들의 사고 패턴은 순식간에 무너지게 된다. 승무원들은 이때 생긴 사고의 틈 사이에 빠르게 다량의 메시지를 전달함으로써 승객들의 특정 행동을 효과적으로 유도할 수 있다. 쉽게 표현하자면 다음과 같다.

예상치 못한 상황 > 사고 패턴의 변화 > 지시/명령/제안 > 행동 촉진

그렇다면 이러한 전략을 일상에서는 어떻게 활용할 수 있을까? 참고로 나는 이를 프레젠테이션의 오프닝에 접목했다. 그랬더니 초반에 청중의 기대감을 높이는 동시에, 내 말에 더욱 귀 기울이게 만들 수 있었다. 그 비결은 다음과 같다.

대부분의 초보 스피커는 프레젠테이션 오프닝에서 다음과 같이 말한다. "안녕하세요. 오늘 강의를 하게 된 ○○○입니다." 혹은 "오늘 날씨가 좋죠? 다들 식사는 맛있게 하셨나요?" 최악은 무대에 오르자마자 "담당자님 오늘 제가 몇 시까지 마치면 되죠?"라고 묻는 경우다. 이때 청중들은 어떻게 생각할까? 평소에 접해왔던 패턴과 별반 차이가 없어서 '오늘도 그저 그런 강의가 되겠군.', '벌써 지루하네.'와 같은 생각을 하게 된다. 인간관계에서 첫인상이 중요하듯 발표에서의 오프닝도 매우 중요한데, 초반부터 청중에게 실망감을 안겨준 것과 다름없다. 따라서 나는 오프닝을 할 때 언제나 '패턴 깨기' 전략을 더한 멘트로 시작한다. 예를 들면 다음과 같다.

"(무대에 등장 후) 여러분, 오늘 무대에 서는데 제 마음이 너무나도 무겁습니다. 먼저 사과부터 드릴게요. (잠시 침묵) 이렇게 기가 막힌 강의를 이제야 여러분께 들려드리게 되어 죄송합니다. 대신 오늘 교육이 끝나면, A와 B에 대한 확실한 이해를 하게 되실 겁니다. 제 마음을 받아주신다면, 큰 박수로 맞아주세요."

하나하나 살펴보자. 처음에는 다짜고짜 사과를 한다. 그러면 대부분의 청중이 순간적으로 '이게 무슨 상황인가?' 하는 생각에 당황스러워하는 게 느껴진다. 나는 그 찰나를 놓치지 않고, 약간의 위트를 더해 이유를 설명한다. 이때 청중의 반응은 어떨까? 의아해하던 모습과는 달리 내가 한 행동에 납득하면서 웃음을 터트린다. 그 틈에 재빠르게 해당 교육의 목표를 언급한 뒤, 박수를 보내달라는 가벼운 지시 사항을 전달하면, 청중을 휘어잡는 환경이 충분히 조성된다. 이것이 패턴 깨기를 통한 사람들의 마음을 움직이는 전략이다.

누군가에게 영향을 끼치고 싶다면, 이처럼 사람들이 예상하지 못한 새로운 제안을 고민해야 한다. 신선한 접근은 사람들의 호기심을 불러일으킬 뿐만 아니라, 심리적으로도 무방비 상태로 만든다. 이는 당신이 상대방의 마음의 문을 열고 들어갈 수 있는 여지를 만들어 준다. 그 이후의 결과는 분명하다. 당신은 더 빠르고, 효과적으로 원하는 바를 손에 넣을 수 있게 된다.

상대방이
스스로 구하게 하라

몇 년 전 나는 온라인으로 커뮤니케이션 강의 프로그램을 론칭하면서 주말 이틀 동안 약 2,000만 원의 판매고를 올렸다. 평범한 회사원의 연봉에 달하는 금액을 48시간도 지나지 않아 벌게 된 것이다. 당연히 여기에도 영향력의 법칙이 적용되었다. 나는 어떤 테크닉으로 짧은 시간에 놀라운 매출을 일으켰을까? 이를 설명하기 위해 흥미로운 이야기를 하나 나눈다.

우연히 유튜브를 통해 건강한 닭을 키우기 위한 어느 농가의 독특한 사육법을 접했다. 그들은 매우 특이한 방식으로 사료를 주고 있었는데, 모이가 든 그릇을 짚으로 만든 덮개로 덮어둔 게 인상적이었다. 그리고 그 이유는 무릎을 '탁' 치게 할 만큼 지혜로웠다.

모이를 덮개로 덮어두면, 닭들은 어쩔 수 없이 대가리를 그 밑으로 넣어야 한다. 이를 통해 해당 농가는 2가지 이득을 얻었다고 말했다. 하나는 닭들이 조금이라도 머리를 쓰게 만들었다는 점이고, 나머지 하나는 덮개를 머리로 들어 올리는 과정에서 몸을 더 움직이게 했다는 부분이다. 다시 말해, 기계로 쉽게 사료를 뿌려줄 수도 있지만, 약간의 허들을 둠으로써 더욱 똑똑하고, 건강한 닭을 키운다는 논리였다.

나는 인간관계와 비즈니스에서도 같은 논리를 적용할 수 있다고 생각했다. 쉽게 말해, 무언가를 줄 때는 조건 없이 나눠줄 게 아니라, 약간의 노력을 기울일 정도의 장치를 두어야겠다고 판단했다.

일반적으로 사람들은 아무런 대가 없이 나눠주어야 상대에게 좋은 인상을 남길 수 있다고 믿는다. 하지만 이는 자칫 제공하는 서비스나 상품의 가치를 떨어뜨리는 부작용을 낳을 수 있다. 이러한 이유로 나는 론칭한 온라인 강의에 '기빙 테크닉Giving

Technique' 즉, '호혜성의 법칙'을 심어두었다. 이 기술에 대해서는 다른 장에 풀어두었으니, 당장은 용어 정도만 알고 넘어가자.

사람들에게 무언가를 받으려면, 먼저 줄 수 있어야 한다. 인간에게는 받으면 되돌려주고자 하는 심리적 특성이 있어서다. 이런 원리를 알고 있는 나는 강의를 판매하기에 앞서 사람들에게 무료 콘텐츠를 제공했다. 그것도 매우 풍성하게. 오프라인에서 유료로 진행했던 1시간 분량의 강좌를 포함해 e-Book과 추가 강의 4편을 모조리 돈을 받지 않고 공유했다. 이때의 핵심은 '약한 허들을 배치하는 것'이었다. 사람들이 무료 자료를 손에 넣으려면, 약간의 수고가 필요하도록 홈페이지를 전략적으로 기획한 것이다.

우선 홈페이지에 유입된 사람들은 아주 간단한 신청서를 반드시 작성해야 했다. 이때 '왜 이 무료 콘텐츠를 신청하는가?'에 대한 답을 적게 하여, 신청 동기를 스스로 생각해 볼 수 있게 했다. 그런 다음, 약간의 기다림 후에 영상을 시청할 수 있는 링크를 제공했다. 여기서도 의도적으로 여러 편의 영상을 하나의 페이지에서 다 볼 수 있게 하지 않았다. 한 영상을 시청하면, 다음 페이지로 넘어가는 버튼을 클릭해야 하는, 아주 사소한 노력이 필요하게끔 설정했다. 그렇게 약 4~6회의 버튼을 클릭했을 때 비로소 강의 세일즈 페이지에 도달하도록 구성했다.

여기에서 핵심은 각 단계에 '아주 약간의 노력만 하게 만드는 것'이었다. 너무 복잡하거나 어려우면, 사람들이 중도에 이탈할 확률이 높아지기 때문이다. 반면, 작더라도 본인의 수고가 들어가면, 사람들은 무료 콘텐츠일지라도 그 가치를 스스로 부여한다. 신청서를 작성하고, 버튼을 클릭하는 게 그리 어려운 일은 아니지만, 자기 선택에 따라 행한 일이라서 대다수가 가치를 느낀다. 또한 모든 영상을 보고, 마지막 세일즈 페이지까지 도달한 잠재 고객의 경우는, 이미 일련의 과정을 통해 내적 친밀감이 형성된 덕분에 구매의 확률도 훨씬 높아지게 된다.

이와 관련해 협상의 아버지라 불리는 허브 코헨은 "상대방을 설득하기 위해서는 더 많은 시간을 쓰게 하라."라고 이야기한 바 있다. 인간에게는 시간을 투자한 만큼 가치를 부여하는 습성이 있어서다. 능력 있는 가전제품 세일즈맨이 구태여 제품을 써보게 만들고, 음료를 내오면서 더 오래 앉아있게 하고, 다른 상품도 이용해 보게 하면서, 고객을 최대한 오랜 시간 자신과 머물게 만드는 것도 같은 이치다.

잘나가는 콘텐츠 크리에이터들도 비슷한 방식으로 대중의 마음을 사로잡는다. 체류 시간을 조금이라도 길게 하기 위해 중요한 내용을 마지막에 배치한다든지, 중간중간 댓글 쓰기나 좋아요

버튼 누르기 등의 행동을 유발한다. 이런 모든 장치는 영상을 시청하고, 구독자로 전환한 데에 정당성을 부여하고, 결론적으로는 호감을 느낌으로써 팬이 되게 하는 등 감정에도 영향을 미친다.

요점은 사람들이 누구의 강요도 아닌 스스로 결정했다고 느끼게 해야 한다는 데 있다. 그러려면 그들이 조금이라도 더 오랜 시간 당신과 머물 수 있게 설정하고, 약간의 수고를 통해 성취감을 반복적으로 느끼게 해주면 된다. 이런 과정을 거친다면, 당신이 상대방에게 더 큰 영향력을 미치게 되는 건 시간문제다.

3

평범한 사람이 성공하는 법

한번은 이런 질문을 받았다. "현재 제가 하는 일이 다른 사람과 경쟁 관계에 있는 듯합니다. 상대를 뛰어넘는, 전문적인 권위를 갖춘 존재가 되려면 제가 무엇을 해야 할까요?"

나는 이에 대한 답변으로 베트남의 전쟁 영웅, 보응우옌잡 장군의 3불 전략을 들려주었다. 그는 20세기 최고의 명장이자 전쟁의 신으로도 불리는 인물로, 중국의 마오쩌둥, 쿠바의 체 게바라와 함께 세계 3대 게릴라 전략가로도 유명하다. 특히, 그의 전술은 세계 최고의 강대국인 미국과 전쟁을 치르면서 더욱 빛을 발했고, 이를 '3불 정책'이라고 부른다. 그 항목은 다음과 같다.

〈보응우옌잡의 3불 정책〉
1. 회피 전략: 적이 원하는 시간에 싸우지 마라.
2. 우회 전략: 적에게 유리한 장소에서 싸우지 마라.
3. 혁파 전략: 적이 예상하지 못한 방법으로 싸워라.

이 3가지 전략을 설명하기 전에 '경쟁'에 대한 개념부터 살펴보자. 경쟁을 사전에서는 '같은 목적에 대하여 이기거나 앞서려고 서로 겨룸'이라고 정의한다. 즉, '여러 개 중의 하나'인 동일한 것을 두고 싸우는, 특별한 차별점 없이 비슷한 부류끼리 다투는 형국이다.

잘 안다. 시간이 흐를수록 새로운 것을 개발해 내기는 더욱 어려워지고, 경쟁은 더 치열해진다는 사실을. 2,000년 전 쓰인 성경에서도 "하늘 아래 새로운 것은 없다."라고 하지 않았는가. 하물며 21세기에 더 말해 무얼 하겠는가.

따라서 평범한 사람 혹은 기업이 새롭게 무언가를 시작하려면, 경쟁이 아닌 '창조'에 집중해야만 한다. 창조란, '유일무이한 것을 만들어 내는 행위One and only'이다. 여기서 유일무이함은 단순히 새롭고, 특별한 상품이나 서비스가 아니다. 동일한 상품 혹은 서비스라도 사칙연산, 그러니까 더하거나 빼거나 나누거나 섞는 방법으로 만드는 걸 뜻한다. 이로써 3불 정책은 경쟁이 아닌 창조를 위한 기본 정책이라고 볼 수 있다.

이쯤에서 3불 정책을 훌륭하게 적용한 사례가 궁금해진다. 국내 최고의 캠핑용품 업체인 동시에 캠핑계의 명품으로 손꼽히는 '헬리녹스'를 통해 알아보자.

헬리녹스는 '동아알루미늄DAC'에서 2009년에 론칭하여, 2013년에 독립한 브랜드다. 1988년에 라제건 회장이 설립한 DAC는 원래 고강도 알루미늄 텐트 폴로 만든 텐트와 캠핑 의자 등을 아웃도어 브랜드에 제조업자 개발 생산OEM 방식으로 납품을 해왔다. 그러다가 직접 생산으로 새로운 시장을 개척하기 위해 헬리녹스를 론칭했다.

라제건 회장이 알루미늄 제조 사업에 뛰어든 이유는 무엇일까? 여기에 대한 대답은 경제 주간지 〈이코노미스트〉와 2016년에 진행한 인터뷰에서 확인할 수 있다. "특수 기술이 필요해 진입 장벽이 높지만, 대기업이 뛰어들기엔 다소 작은 시장을 샅샅이 찾았다."

3불 정책에서 우회 전략에 해당하는 묘책이다. 이미 치열한 경쟁 시장에 뛰어들기보다는 '나만이 할 수 있는 새로운 돌파구'를 찾아냈으니 말이다. 회사를 열심히 키워놓고도 대기업의 레이더망에 걸려, 핵심 기술을 빼앗기거나 혹은 더 막강한 자본과 영향력에 의하여 힘도 써보지 못하고 사라진 기업이 얼마나 많은가? DAC는 이와 같은 사태를 미연에 방지하고자, 현명하게 우회 전략을 택한 것이나 다름없다.

다음으로 눈여겨 볼 점은 DAC가 '더 뛰어난 제품'이 아닌 '유일한 브랜드'로서 시장에 출사표를 던졌다는 사실이다. DAC는 이미 세계적인 아웃도어 브랜드에 텐트용 알루미늄 폴을 개발·생산하는 업체였다. 그런 독보적인 기술력을 보유했음에도 불구하고, 기업의 명성은 다른 브랜드의 영향력에 의해 가려져 있었다.

이 또한 동일한 인터뷰의 그의 고백에서 알 수 있다. "많은 소비자가 DAC를 독일 업체로 인식한다. 노스페이스의 히트 상품인 '돔 에잇' 텐트도 10년 전에 우리가 설계한 제품인데도 아무도 한국 중소기업이 그런 제품을 만들 수 있으리라고 생각하지 않는다."

이에 따라 라 회장은 세계 1위 기업이 되려면 자체 브랜드를 가져야 한다고 판단했고, 지금의 헬리녹스를 탄생시켰다. 그리고

2012년 개발한 캠핑 의자 '체어원'이 대히트를 치면서 성공의 발판을 탄탄하게 마련하고, 초경량 야전 침대 '코트원' 출시로 매출 고공 행진을 이어갔다.

이런 DAC는 유일한 알루미늄 제조사가 아니다. 그러나 자체 개발한 알루미늄 소재를 캠핑용품 브랜드로 론칭하여 대성공을 거둔 회사로는 유일하다. 그 비결은 동아알루미늄이라는 기업을 창업할 때에도, 헬리녹스라는 브랜드를 론칭할 때에도, 창업자들이 경쟁이 아닌 창조의 전략을 택했다는 데 있다.

이와 관련해 라제건 회장과 라영환 대표는 "헬리녹스는 언제나 세상에 없던 제품만을 내놓는다. 자체 개발한 뒤 시장에 조금이라도 비슷한 제품이 있으면 아예 출시를 포기한다. 혁신적인 제품이 아니면 내놓지 않는다."라고 입을 모은다. 실제로 헬리녹스는 기존 시장의 분석뿐만 아니라 끊임없는 연구 개발을 통해 고객들도 예상하지 못한 신제품을 출시했고, 이는 그들을 독보적인 기업으로 성장시키기에 충분했다.

내가 운영하는 806 브랜드도 마찬가지의 전략으로 승부를 보았다. 현재 클럽806은 대관 사업을 활발하게 전개하고 있다. 글로벌 명품 브랜드부터 재계 순위 10위 이내의 대기업, 공공 기관,

언론사 등 규모 있는 조직들이 공간을 대관한다. 클럽806이 위치한 광화문 일대에는 5성급 호텔은 물론, 대기업에서 운영하는 공유 오피스와 강의장이 넘쳐나는데도 말이다. 그 이유는 무엇일까? 누구도 예상하지 못한 특별함과 브랜드가 주는 독창성 덕분이라고 할 수 있다. 가령, 이런 부분이다.

보통의 강의장은 창백한 형광등과 흰색 혹은 밝은 빛깔의 목재 책상을 사용한다. 반면, 클럽806은 짙은 녹색의 카펫이 바닥에 깔려 있고, 무대와 책장은 톤 다운된 목재로 꾸며져 있다. 마치 영화 〈킹스맨〉에 나올 법한 고풍스러운 느낌을 준다. 그 결과, 공간을 찾는 고객들이 특별한 경험을 하게 되면서, 자연스럽게 입소문을 탄다. 뿐만 아니라 위치에서 오는 기상천외함도 큰 역할을 했다. 사무실로 가득한 건물, 누가 봐도 그 안에 특별한 공간이 있을 거라 생각지도 못한 장소에 클럽806의 공간이 자리 잡고 있다. 이렇듯 사람들의 예상을 아득히 뛰어넘는 컨셉과 위치 선정은 클럽806의 성장에 일조했고, 덕분에 브랜드 확장도 수월하게 이어갈 수 있었다. 클럽806 부산 지점과 여의도 테일러 숍도 모두 806만의 고유한 브랜드 컨셉을 바탕으로 디자인되었다.

당신이 지금까지 평범한 삶을 살아왔다고 해서, 혹은 지금 다루고 있는 주제가 평범하다고 해서, 제공하고 있는 상품과 서비스가 평범하다고 해서, 좌절할 필요는 없다. 어차피 세상에는 이미 비슷한 것 천지이고, 우리가 생각하는 많은 것이 이미 세상에 존재하고 있으니까. 한마디로, 당신이 하는 그 고민은 누구나 하고 있단 얘기다.

핵심은 경쟁을 벗어나 창조를 해야 한다는 사실이다. 단, 여기서 말하는 창조는 세상에 없던 새로운 것을 만들어 내는 게 아니다. 3불 정책의 개념을 적용해, 새로운 브랜드로서 시장에 선보이는 일이다. 쉽게 말해, '세상에 없는 것'보다 '예상하지 못했던 것'을 만든다고 이해하면, 훨씬 더 효율적으로 해결책을 얻어낼 수 있으리라 예상한다.

나는 부디 당신이 여럿 중의 하나가 아닌, 유일한 하나의 존재가 되길 바란다. 그러려면 사람들의 예상을 뒤엎는 기상천외함으로 승부할 수 있어야 한다. 그리고 이를 브랜드로 만들어 사람들 머릿속에 각인시켜라. 이것이야말로 평범한 당신이 비범해질 수 있는 지름길이다.

불친절한 사장이
돈을 번다

지금껏 우리는 고객에게 친절해야 한다는 말을 익히 들어왔다. 하지만 나는 불친절한 사장이 돈을 버는 것은 물론, 탁월한 성과까지 낼 수 있다고 본다.

　과연 친절함이란 무엇일까? 웃는 얼굴과 상냥한 말투? 맛있는 차와 다과를 대접하는 것? 이름을 기억하여 불러주는 것? 생일이나 기념일을 챙겨주는 것? 이와 관련하여 중국 최대 규모의 온라인 쇼핑몰, 알리바바의 창업주 마윈은 다음과 같이 이야기한 바 있다. "음식점에 20여 명의 여성 종업원이 문 앞에서 '안녕하세요.'라고 인사하는 것이 좋은 서비스인가? 고객이 원하는 건 유쾌한 식사 체험이다."

다시 말해, 비즈니스에서 친절은 고객이 원하는 결과를 안겨주는 것이다. 식당이라면 맛있는 음식을, 변호사라면 재판의 승리를, 수능 강사라면 높은 성적을 얻게 해주는 것이 참된 의미의 친절이다. 무엇이든 본질에 충실해야 하며, 그 외의 요소는 겉치레에 불과하다. 그리고 나는 이러한 사실을 잘 표현해 둔 한 SNS를 발견했다. '실력 없는 인테리어 업체를 고르는 법'이라는 제목의 해당 콘텐츠는 아래와 같이 주장했다.

"불친절하면 일단 실력자일 가능성이 높습니다."

게시물의 작성자는 "실력자들은 이미 그들을 찾는 사람이 많을 뿐만 아니라, 본인의 실력을 익히 알고 있어서, 구태여 친절한 말로 고객의 환심을 살 필요가 없기 때문"이라고 덧붙여 두었다. 100%의 진리라고 하기에는 어려울지 몰라도, 확실히 고개가 끄덕여지는 논리였다.

불친절한 사장이 돈을 번다는 말이 고객을 하대하라는 소리는 아니다. 다만, 본질 없이 그저 친절하기만 해서는 의미가 없다는 뜻이다. 고객에게 원하는 결과를 안겨주려면, 때로는 불편한 진실일지라도 과감히 전해야 한다는 이야기이기도 하다. 학생들에게 인기가 떨어지더라도, 제자들을 바른길로 인도하겠다는 마음을 품은 호랑이 선생님을 떠올리면 쉽게 이해할 수 있을 테다. 그는 겉으로 봤을 때 친절과는 거리가 먼 존재지만, 시간이 지나 돌아보면, 가장 오래 기억에 남는 스승으로 꼽히기 마련이다.

한편, 불친절함은 높은 자신감과 자존감을 가진 존재임을 드러내기도 한다. 내가 가진 능력과 실력에 대한 확신이 서 있다면, 굳이 상대에게 굽신거릴 필요가 없기 때문이다. 좋은 말만 늘어놓으며, 상대의 마음을 사려고 애쓸 필요도 없다. 내 말을 듣지 않으면, 손해를 보는 건 상대방이라는 걸 알고 있어서다. 진정한 실력자는 거절이 두렵지 않다. 오히려 거절하는 사람에 대한 측은지심을 가진다.

여기서 질문 하나를 해본다. 사막의 왕은 누구일까? 물을 가진 사람이다. 내로라하는 유능한 사람이라도, 타는 듯한 갈증 앞에서는 물을 가진 사람의 말을 듣게 되어있다. 전문가라면, '사막의 유일한 물 한 잔을 내가 들고 있다.'는 마음으로 행동해야 한다. 당신의 물이 상대를 살리는 도구임을 알아야 한다.

니콜라스 코페르니쿠스가 2,000년간 인류의 사고를 지배해온 천동설을 뒤엎고, 지동설을 주창할 수 있었던 데도 같은 이유가 작용했다. 오랜 연구를 통해 얻은 과학적 증거들을 바탕으로 잘못된 진실을 바로잡고자 한 것이다. 역사의 한 장면을 장식한 수많은 정치인, 사업가, 철학가, 과학자 등은 대개 처음에 많은 사람에게 부정당하고, 거센 반대에 부딪힘에도, 결국은 그들의 말이 옳음을 증명해 냈다. 당장의 환심과 지지가 아닌, 오랫동안 이어질 진실과 진리에 더 큰 가치를 두었던 덕분이다.

진정한 프로는 그저 좋은 사람이 되어 분위기를 밝고, 유쾌하게 유지하는 데 집중하지 않는다. 때로는 그 과정과 방법이 불편하더라도 본질에 집중하며, 사람들에게 필요하다고 믿는 것을 집요하게 제안한다. 분명 정신적으로도 체력적으로도 녹록지 않지만, 이런 태도가 결국 사람들에게 영향을 미치며, 신뢰와 존경심을 끌어낸다.

그러니 친절한 응대를 위한 CS 교육을 받기보다 마인드부터 바꿔라. 더 착하게, 더 매너 있게, 더 정직하게 나를 낮출 방법을 찾지 말고, 진정으로 성과를 내기 위한 방법을 고민해라. 더 멋지고, 세련된 제품과 서비스를 만들기 전에, 본질적으로 상대가 원하는 가치가 무엇인지 알아내라. 아무리 보기에 좋고, 멋진 비즈니스라 하더라도, 궁극적으로 문제 해결이 불가능하다면, 지속할 수 없다. 일차원적인 친절함으로만 고객을 대하면, 을의 입장에서 고통받게 되며, 고객 또한 만족하지 못하는 악순환이 반복될 뿐이다.

그렇게 되지 않으려면 '나를 찾는 고객이 반드시 성과를 내도록 돕겠다.'는 마음가짐으로 전문성을 쌓고, 비즈니스 전략을 세워야 한다. 여기에 더해 고객의 마음을 사로잡는 커뮤니케이션 스킬을 배워라. 때로는 강하게, 때로는 약하게 완급을 조절하면서, 마음을 들었다 놓았다 할 줄 알아야 한다. 고객의 비위를 맞추려 억지웃음을 짓지 말고, 진정한 실력자로서 능력을 보여줘라. 이는 결국 당신을 더욱 견고하고, 존중받는 사람으로 만들어 줄 것이다.

명심해라. 불친절한 사장이 돈을 벌고, 성과를 낸다. 그리고 돈을 벌고, 성과를 내기에, 결국 친절할 수도 있게 된다.

5

잘 파는 사람은 '이것'부터 시작한다

세일즈를 성공시키기 위해서 가장 중요한 능력은 무엇일까? 뛰어난 말주변? 빼어난 외모와 센스? 길고 긴 가방끈? 화려한 수상 경력? 만약 이 중에 하나라도 당신이 중요하다고 생각하는 항목이 있다면, 이번 기회에 그 생각을 완전히 바꾸어야 한다. 잘 파는데 있어서 세일즈 당사자가 얼마나 대단한 사람인가는 그다지 중요하지 않다. 그저 처음부터 끝까지 '살 사람', 그러니까 '고객'에 초점을 맞춰야 한다.

그럼, 고객의 마음을 얻기 위해서는 어떤 능력을 갖추어야 할까? 바로 '진단 능력'이다. 상대방이 무엇을 필요로 하는지 빠르게 알아차리고, 이에 맞는 제안을 할 줄 아는 사람이 최고의 세일즈맨이 된다. 이 사실을 모르는 사람은, 늘 본인의 실력을 어필하는 데 세일즈의 대부분을 할애한다. 이는 의사가 병명도 모르고, 약을 처방하려는 것과 같다.

여기서 하나 묻는다. 당신이 아파서 병원에 갔다고 해보자. 의사가 가장 먼저 하는 일은 무엇일까? 다음 보기 중에서 정답을 골라보자.

1. 진찰
2. 검사
3. 처방
4. 수술

질문하는 것 자체가 우습게 느껴질 만큼 간단한 문제다. 당연히 환자를 처음 만난 의사라면, 진찰부터 한다. 어디가, 어떻게, 언제부터 아픈지 간단한 질문으로 시작해서, 아픈 곳의 소리를 듣기도 하고, 손으로 눌러보기도 한다. 더 정밀한 정보가 필요하면, X-Ray나 CT, MRI 촬영 등을 진행할 수도 있다. 그다음에 비로소 환자의 상태를 판단하고, 약물 처방 혹은 수술을 결정한다.

같은 원리를 세일즈에 적용해 보자. 실력 없는 세일즈맨들은 고객을 만났을 때, 진찰 혹은 검사 단계를 생략하고, 바로 처방 혹은 수술에 들어가려고 한다. 한마디로, 그들은 고객을 만나자마자 "좋으니까 사실래요?"만 연발하는 셈이다.

쉬운 설명을 위해 헬스장 퍼스널 트레이너의 사례를 들어보겠다. 피트니스 코치들은 자신이 관리하는 회원이 많아야 수입을 올릴 수 있다. 대부분의 헬스장에서는 첫 회원권 등록 시 2회 정도의 무료 코칭 서비스를 이용할 수 있게 해준다. 트레이너에게는 이때가 신규 고객 확보를 위한 절호의 기회이자, 본인을 드러낼 수 있는 무대가 된다.

이때 세일즈를 못하는 트레이너는 이런 생각으로 고객에게 다가간다. '내가 얼마나 많은 걸 아는지 어필해야겠다.' 그래서 운동과 관련해 얼마나 풍성한 지식을 가졌는지, 지금껏 어떤 커리어를 쌓아왔는지에 대해서 전달한다. 회원이 잘못된 자세를 취하면, 정성껏 바로잡아 주는 데 집중하고, 최대한 친절한 말투, 상냥한 표정으로 고객의 마음을 얻기 위해 노력한다. 세일즈 성공 가능성을 높일 수 있는 황금 같은 시간을 본인의 대단함을 보여주는 데만 할애하는 것이다. 물론, 이렇게라도 노력하면 다행이다. 왜냐하면 많은 사람이 친절함조차 보이지 않기 때문이다.

그러나 이와 같은 전략으로는 개인 PR 효과는 있을지 모르나, 고객의 마음을 얻고, 지갑을 열게 하기까지는 어렵다. 그 과정에서 회원이 무엇을 얻을 수 있을지, 왜 당신이 그에게 필요한지를 각인시키지 못했으므로.

그렇다면 영업 성공률이 높은 트레이너는 이 기회를 어떻게 활용할까? 여기 A·B 2명의 트레이너가 무료 코칭 세션을 지도하는 방식을 보고, 차이점을 잘 살펴보길 바란다.

A 트레이너　고객님, 저는 대회 입상 경력도 있고, 저에게 배운 분들은 다이어트 성공률도 높아요. 티칭 경력도 5년이 넘어가고요. 이번에 등록하면, 1회 추가 혜택도 드리니 잘 생각해 보세요.

B 트레이너　고객님, 평소에 운동할 때 혹시 자주 아픈 곳이 있었나요? 아마 무릎이나 허리에 통증이 있을 것 같은데, 어때요? 혼자 운동하다 보면, 자세가 흐트러지기 쉬워요. 그래서 저 같은 전문가가 있으면, 부상 위험이 훨씬 줄어들죠.

참고로 나는 웨이트 트레이닝을 사랑하는 사람으로서, 지난 10여 년 동안 여러 헬스장에서 운동을 한 경험이 있다. 위의 내용은 실제로 무료 코칭 세션에서 트레이너가 했던 이야기다. 당신이라면 둘 중 어떤 트레이너에게 더 마음이 끌릴까? 높은 확률로

B 트레이너를 선택할 것이다. 당신의 문제를 진단하고, 이를 위한 처방을 내렸으며, 이와 관련한 해결 능력을 어필해 신뢰를 갖게 한 덕분이다. 반면 A 트레이너는 단순히 본인의 과거 입상 경력과 할인 정보에 대해서만 언급했다. 고객보다는 본인의 니즈에만 집중한 결과다.

많은 세일즈맨이 영업에서 성공을 거두기 위해 판매 스킬을 키운다. 제품을 소개하는 방식을 연구하고, 업계 선배들로부터 전수받은 스크립트를 암기한다. 하지만 당신이 세일즈에서 성공하기 위해 열어야 할 건 입이 아니라 귀다. 진정으로 당신을 부자로 만들어주는 건 화려한 언변이 아니라, 진지한 경청이니까. 다시 말해, 돈이 되는 세일즈를 위해서는 판매 스킬이 아닌 진단 스킬을 키워야 한다는 뜻이다.

이때 기억해야 할 건 문제가 없으면, 판매도 없다는 점이다. 그러니 당신에게 고객의 구매를 끌어내기 위한 1시간이 주어진다면, 그중 40분은 질문에 쏟아부어라. 그를 통해 고객이 원하는 것, 그들이 해결하고자 하는 걸 파악하라. 그 정보를 바탕으로, 당신이 제공할 수 있는 솔루션에 집중해라. 본인의 문제를 빠르고, 정확하게 짚어내는 세일즈맨을 만난 고객은 그에게 믿음을 가질 수밖에 없고, 자연스레 자신의 문제를 맡기게 되어 있다.

환자의 증세를 제대로 파악하고, 그에 알맞은 처방을 내려주는 의사에게 사람들이 몰리듯, 세일즈맨 또한 마찬가지다. 먼저 고객을 진단해라. 진단 실력이 쌓여갈수록 당신의 세일즈 성과 또한 올라갈 것이다. 이에 고객의 상태를 간파할 수 있게 도와주는 간단하지만, 강력한 질문 몇 개를 공유한다.

"무엇이 힘든가요?"

"무엇이 불편한가요?"

"어떤 점이 어려운가요?"

"어떤 문제를 겪고 있나요?"

"무엇을 도와드릴까요?"

"어떻게 도와드릴까요?"

"어떤 문제를 해결해 드릴까요?"

나 또한 코칭 문의 고객과 상담할 때, 대부분의 시간을 질문에 쏟는다. 왜 나에게 연락을 했는지, 어떤 어려움을 겪고 있고, 무엇을 달성하고 싶은지 등 여러 관점으로 묻는다. 그 속에서 세일즈 포인트를 찾아내면, 그때부터 집중적으로 그 부분을 공략한다. 나는 이 부분을 뛰어나게 잘하고, 상담 10건 중 9건은 계약으로 이어진다.

한번 더 언급한다. 입이 아닌 귀를 열고, 고객이 진정으로 원하는 게 무엇인지, 그들의 고통을 찾아내는 진단 스킬을 키워라. 단연코 그것이 당신을 훨씬 빠른 성장으로 데려가 준다.

반전 사고가
영향력 있는 리더를 만든다

모든 조직에는 규모를 막론하고 '장長'이 있고, 그의 역할은 몹시 중요하다. 리더의 성향과 철학에 따라 적당한 능력의 팀원들이 똘똘 뭉쳐 탁월한 성과를 낼 수도 있지만, 최고 수준의 인재들이 모였음에도 결과물은커녕 도중에 팀이 해체되어 버릴 수도 있어 서다.

그렇다면 영향력 있는 리더는 어떻게 조직에 생기를 불어넣을까? 반대로 조직을 와해하는 리더는 팀원들과 어떻게 관계를 형성할까? 이와 관련해 학창 시절의 잊지 못할 기억을 바탕으로 설명해 보려 한다.

나의 대학교 생활은 음악 활동을 빼놓고 이야기할 수 없을 정도로 대부분의 시간을 밴드 활동에 할애했다. 입학과 동시에 록밴드 동아리에 가입한 나는 하루 종일 연습실에서 먹고 자며, 음악에 몰두했다. 보컬과 키보드, 기타, 베이스, 드럼이 합을 맞춰 하나의 곡을 완성하는 과정이 내게는 엄청난 희열로 다가왔다. 오죽하면 선배가 "넌 친구도 없냐?"라며 면박을 주었을까. '국가가 허락한 유일한 마약'이라는 우스갯소리가 내게는 가볍게 들리지 않을 만큼 음악은 내 마음을 뜨겁게 흔들어 놓았다.

한편, 밴드 동아리에서는 학기마다 정기 공연을 가졌다. 이는 학교 축제를 제외한 가장 큰 이벤트로, 날짜가 정해지면 저마다 팀을 구성해 공연 준비에 돌입했다. 이때 팀원 선정은 선배 또는 실력자들의 몫이었고, 다들 실력 있는 리더와 같은 팀이 되고 싶어 했다. 함께하면서 배울 게 많다고 생각해서였다.

내가 신입생이던 당시, 우리 동아리에는 수준급 실력의 선배 2명이 있었다. 서로 파트는 달랐지만 두 사람의 수준은 프로급이었다. 모두가 그들의 정기공연 무대를 기대했다. 그러나 결과적으로 A 선배 팀의 공연은 환상의 호흡을 자랑했고, B 선배 팀은 기대에 미치지 못하는 공연을 선보였다. A 선배의 팀은 연주자 한명, 한 명이 조화롭게 어우러져 훌륭한 합주를 이뤄냈으나, B 선배의 팀은 잦은 실수와 불협화음으로 완성도가 떨어졌다. 둘 다뺴어난 연주 실력의 리더였음에도 불구하고, 전혀 다른 결과를 낳은 것이다. 그 이유는 무엇이었을까?

두 팀의 연주 성과는 사실 선곡 단계에서부터 어느 정도 예측이 가능했다. A 선배는 본인이 10만큼의 기량을 보여줄 수 있음에도, 후배들을 고려하여 4~5 정도의 실력으로도 해낼 수 있는곡을 선정했다. 이와는 달리, B 선배는 본인이 자기의 음악적 재능을 마음껏 보여줄 수 있는 고난이도의 곡을 선택했다.

참고로 내가 다닌 대학교에는 음악 관련 학과가 없었다. 그러다 보니 동아리 신입생 중에는 연주 경험이 풍부하거나 실력이좋은 사람이 드물었다. 대다수가 취미에 따른 선택이거나 초심자로 악기를 배워 보려고 온 학생이었다. 당연히 연주 실력은 서툴렀고, 실력 있는 선배들을 뒷받침하기에는 역부족이었다. 이해를 돕기 위해 숫자로 표현하자면, 선배들의 능력은 10점 만점에10점, 새내기들은 10점 만점에 1~2점 정도였다.

상황이 이렇다 보니, 중간 정도 난이도의 곡을 선택한 A 선배의 팀에는 '연습하면 해낼 수 있다.'는 긍정적이고, 활기찬 분위기가 형성됐다. 반면, B 선배의 팀에는 늘 냉기가 맴돌았다. 어려운 곡이었기에, 이제 막 연주를 배우기 시작한 멤버들은 매번 실수하기 일쑤였고, 선배는 더 잘하지 못한다며 답답해했기 때문이다. 그렇게 시간이 갈수록 두 팀의 분위기는 완전히 다르게 형성되었다. 이는 행사 당일의 퍼포먼스에도 영향을 미쳤고, 두 팀의 운명을 극명하게 나누어 놓았다. 여담이지만 A팀은 관계가 돈독해져 이후 다른 공연도 함께 수행했고, 점점 더 높은 난이도의 곡을 해냈다. 하지만 B팀은 그 뒤로 다시는 한 팀이 되지 않았다. 같은 실력의 리더가, 비슷한 환경과 자원으로 완전히 다른 성과를 만들어낸 셈이다.

일반적으로 조직의 리더는 경험이 풍부하거나 능력이 뛰어난 사람이 맡게 된다. 그런데 언급한 사례와 같이 팀원들의 지지자가 되어 앞에서 끌어주고, 뒤에서 밀어주는 리더가 있는가 하면, 본인의 기준에 따라 팀원들을 끼워 맞추려는 리더가 있다. 과연 어떤 리더가 장기적인 관점에서 팀의 성장을 돕고, 더 큰 영향력을 행사할 수 있을까? 이와 관련해 미국 제26대 대통령인 시어도어 루스벨트는 이렇게 이야기한 바 있다. "The leader leads, and the boss drives. 리더는 이끌지만, 보스는 밀어붙인다."

그 어떤 리더라도 절대 해서는 안 되는 착각이 하나 있다. 가족의 가장이든, 기업의 대표든, 국가의 수장이든, 예외는 없다. 바로 '내가 했으니, 상대도 할 수 있다.'라는 생각이다. 본인이 해냈으니 상대방도 해낼 수 있다고 믿거나, 본인이 알고 있으니 상대도 당연히 알고 있으리라 확신하는 건 잘못된 리더십의 표본이다. 이는 과도한 요구와 기대를 만들어내고, 조직의 구성원들에게 불필요한 압박과 스트레스를 부여하기 때문이다. 이러한 이유에서 영향력 있는 리더가 되고 싶다면, 반드시 아래 문장을 기억해야만 한다.

"보스는 나를 돋보이게 하고, 리더는 팀을 돋보이게 한다."

또 조직원들에게 시간이 필요함을 절대로 잊어서는 안 된다. 부모가 자식에게 처음부터 높은 기준을 부여하여, 압박하지 말아야 함과 같은 논리다. 즉, 좋은 리더라면, 직원들이 처음부터 업무를 전문가처럼 빠르게 이해하여 처리하기를 바라서는 안 된다. 최종적으로 도달해야 할 공동의 목표를 설정하되, 단계별로 성장할 수 있도록 동기부여 하며, 끌어줘야 한다. 이게 영향력 있는 리더가 갖춰야 할 사고방식이다. 그 과정에서 팀원들이 스스로 성장과 발전의 성취감을 느낀다면, 다음 레벨로 넘어가게 하는 원동력이 된다. 이는 역사적으로도 수많은 리더가 입증해 낸 진리다.

임진왜란 당시 이순신 장군은 뛰어난 전략가였지만, 그의 수하 병사들은 대부분 농민, 어부, 노비 등 전투 경험이 전무하다 싶은 일반 백성이었다. 그런 상황에서 이순신 장군은 절대적으로 부족한 전투 경험은 거북선 개발, 학익진과 같은 전술을 통해 보완했고, '약무호남 시무국가若無湖南 是無國家' 즉, "만약 호남이 없으면 국가도 없다."라는 말로 지역 방어의 중요성을 피력하면서 병사들의 자부심을 고취했다. 그뿐만 아니라 항상 최전선에서 위험을 무릅쓰고 지휘했으며, 동시에 엄격한 기강과 확실한 포상으로 군의 사기를 진작시켰다. 이러한 리더를 어떻게 병사들이 존경하지 않고, 따르지 않을 수 있었을까 싶다.

1914년, 남극 탐험 중 배가 빙하에 갇혀 침몰했지만, 전 대원 생환이라는 위업을 달성한 어니스트 섀클턴도 마찬가지다. 그 본인은 경험 많은 탐험가였지만, 함께 했던 28명의 대원은 대다수가 극지 탐험이 처음이었다. 일부는 선원이나 과학자였지만, 몇몇은 신문 광고를 통해 지원한 일반인이었다. 한 치 앞을 내다볼 수 없는 절체절명의 상황, 섀클턴은 누구보다 먼저 위험을 무릅썼고, 팀 내의 불화를 이겨내기 위해 '우리는 하나!'라는 메시지를 강조했다. 팀원들이 절망에 빠지지 않게끔 그들의 최종 목표와 이를 위해 당장 해야 하는 일이 무엇인지 끊임없이 인식시켰다. 덕분에 그들은 무너지지 않을 수 있었고, 마침내 모든 사람이 살아서 돌아오는 기적을 만들어냈다.

위의 여러 사례를 바탕으로 생각해 보라. 당신은 능력자인가? 조직을 이끄는 리더인가? 만일 그렇다면, 당신은 팀원들이 당신의 기대에 부응하기를 바라면서 그들을 밀어붙이고 있는지, 노력을 통해 극복할 수 있는 단계적인 과제를 제시하고, 성장을 견인하고 있는지를 점검할 필요가 있다.

명심해라. 당신처럼 해낼 수 있는 팀원은 없으며, 그렇게 할 필요도 없다. 오로지 조직만이 더 오래 지속하며, 보다 큰일을 해낼 수 있다. 내가 아닌 팀이 돋보이게 해라. 그것이야말로 구성원 각자에게 최선의 이득인 동시에, 영향력 있는 리더로 거듭나게 해주는 분명한 밑거름이 된다.

초과된 가치

상대방이 지불한 가치 이상의 가치를 돌려줄 때
사람들은 영향을 받는다

웃어라. 온 세상이 너와 함께 웃을 것이다.
울어라. 너 혼자 울게 될 것이다.

···

영화 〈올드보이〉 중에서

누구나 주면,
받게 된다

생일을 맞아 직원들과 함께 클럽806 서울 근처의 한 음식점에 방문했다. 자리를 잡고 앉았는데, 맞은편에 앉은 직원이 무언가를 열심히 찍고 있었다. 거기에는 아래의 문장이 적혀 있었고, 내 가슴에 훅 들어와서 지금까지 잊을 수 없는 문장 중 하나가 되었다.

사랑하면, 사랑받습니다.

미워하면, 미움받습니다.

의심하면, 의심받습니다.

주면, 받습니다.

초과된 가치

한번은 모르는 번호로 전화가 한 통 걸려 왔다. 저장되지 않은 연락처의 전화를 잘 받지 않는데, 그날따라 무심코 전화를 받아 버렸다. 수화기 너머로 우렁찬 목소리가 흘러나왔다. "이야~ 박성운, 오랜만이야. 유튜브로 잘 보고 있어!" 수년 전 일하면서 알게 된 지인이었다. 당시에 저장한 내 번호를 아직 가지고 있었는지, 내 유튜브 영상을 보다가 전화를 했다고 했다. 그렇게 짧은 안부를 물은 그는, 숨 돌릴 틈도 없이 본론으로 들어갔다. "내가 펜션 사업 중인데 와서 광고 한번 해줘." 못 본 동안 펜션 사업을 일군 모양이었다. 그러더니 본인 사업과 관련한 설명을 더하며, 유튜브 홍보를 요청했다. 그러나 나는 깔끔하게 거절했다. "펜션 광고는 하지 않습니다."

함께 일을 하기는 했으나, 불쑥 전화를 걸어 반말로 인사를 하고, 홍보를 부탁할 만한 관계는 아니었다. 더군다나 이름조차 잘 기억나지 않을 정도로 오랜 기간 동안 연락 없이 지낸 사이였다. 그런데 별안간 나에게 홍보를 제안한 것이다.

우리는 살아가며 많은 부탁을 하게 된다. 개인이 모든 것을 다 갖추고 있을 수 없기 때문이다. 무언가는 늘 부족하기 마련이고, 그래서 인간은 퍼즐처럼 서로의 부족한 점을 맞춰가며, 삶을 완성해 나간다. 이 같은 현실에 '부탁의 기술' 혹은 '제안의 기술'은 인생을 풍성하게 만들어주는 핵심 커뮤니케이션 전략이라고도 할 수 있다. 그러나 안타깝게도 대부분의 사람이 제대로 부탁하는 방법을 모른다. 부탁보다는 요구에 익숙하고, 제안보다는 강요에 익숙해져 있다. 내게 오랜만에 연락한 지인도 간단한 제안하기의 원리만 이해하고 있었더라면 기꺼이 나의 지원 사격을 받을 수 있었을 것이다.

양보와 배려의 성과를 다룬 애덤 그랜트의 책《Give and Take》의 표지에는 다음과 같은 말이 쓰여 있다.

"제가 뭐 도와드릴 일이 있을까요?" 이 한마디가 일터와 인생, 관계를 바꾼다.

이 점에 근거하여, 만약 펜션 운영을 시작했다는 지인이 나에게 이렇게 제안을 했다면 어땠을까? "유튜브를 보니 강의를 하는 것 같더라고. 너도 시청자들도 분위기 전환할 겸 우리 펜션에서 촬영해 보는 건 어때? 이참에 가족도 함께 와서 바비큐 파티도 하면 좋겠다. 장소나 고기는 우리가 필요한 만큼 제공할 테니, 대신 영상에 우리 펜션을 짤막하게라도 소개 좀 해줘."라고 말이다.

지식을 전달하는 유튜버로서 이런 제안을 받는다면, 뒤의 '홍보'라는 말은 들리지도 않고, 환호성을 질렀을 게 분명하다. 신선한 장소에서 좋은 콘텐츠를 만들 수 있고, 게다가 공짜로 여행을 즐길 수 있으니까. 하지만 그는 나에게 그 어떤 구체적인 제안도 하지 않았다. "펜션이 예쁘니 하룻밤 묵으면서 홍보해 달라." 정도의 추파만 던졌을 뿐이다. 차라리 비용이라도 말했다면, 고려해 볼 수도 있었을 것이다. 적어도 진지하게 비즈니스 이야기는 나눌 수 있었을 테니까.

많은 사람이 상대에게 무언가 부탁할 때, 특히 업무적인 부탁을 할 때는 그에 대한 보상을 '돈'으로 해야 한다는 고정관념에 사로잡혀 있다. 비즈니스가 돈으로 대가를 치르는 경우가 통상적이기는 하나, 그것만이 유일한 방법은 아니다. 돈이라는 것이 애초에 '가치 교환의 수단'인 만큼, 내가 받고자 하는 가치에 상응하는 보상을 제공한다면, 충분히 교환이 일어날 수 있다.

매번 거절당하는 사람들의 공통점은 상대가 필요로 하는 부분은 안중에도 없고, 자신이 원하는 것만 요구한다는 사실이다. 예시로 든 지인도 여행 유튜버가 아닌 나에게 다짜고짜 펜션 홍보를 요청한 것부터가 잘못된 접근이었다. 대신, 앞서 말한 것처럼 상대의 상황에 맞춰서 제안하면, 이야기는 달라진다. 제안하고자 하는 바는 펜션 홍보지만, 상대가 교육 콘텐츠를 전하는 유튜버라는 상황에 맞춘 제안을 했다면, 답변이 달라졌을 거라는 뜻이다. 그러니 원하는 걸 얻기 위해 전략적으로 주고 싶다면, 가장 먼저 상대가 무엇을 받고 싶어 하는지부터 파악해야 한다. Rule 2에서 말한 '진단하기' 스킬이 중요한 이유다.

다시 강조한다. 주면, 받는다. 잘 주면, 잘 받을 수 있고, 많이 주면, 더 많이 받을 수 있다. 'Give and Take'는 복리로 움직여서 그렇다. 인간의 마음은 상호성을 띠고 있기에 먼저 받으면, 반드시 되돌려주고자 한다. 그래서 주면, 받을 수 있는 것이다. 그러니 요구하기에 앞서 상대방이 원하는 게 무엇인지부터 알아내라. 그리고 현재 가장 도움이 될 만한 가치를 전해라. 그런 다음, 비로소 당신이 원하는 것을 요구해라. 먼저 주면, 받을 수 있다는 원초적인 진리만 잘 지켜도, 당신은 더욱 많은 사람의 재능을 지렛대 삼아 성장할 수 있다.

2

만나기 전부터
믿게 하라

하루는 세일즈 특강을 하고 있는데, 영업직에 종사하는 수강생이 이런 질문을 했다. "세일즈 미팅을 할 때, 어떻게 하면 빠르게 신뢰를 얻을 수 있나요?" 나는 어떻게 답했을까? 당신이라면 어떻게 답할 것인가?

나는 이렇게 말했다. "질문 자체를 바꿔야 합니다." 그러자 그는 다시 "그게 무슨 말이죠?"라고 되물었다. 이에 나는 이렇게 답했다. "신뢰는 만나서 얻는 게 아니에요. 이미 신뢰가 형성된 상태에서 만나야 하는 겁니다." 그 뒤로 짧은 탄식이 들렸다. "아!"

물론, 어떤 단어를 사용해야 하는지, 어떤 제스처를 취해야 하는지, 자리 배치를 어떻게 해야 하는지, 어떤 분위기에서 진행해야 하는지, 클로징 멘트는 어떻게 해야 하는지 등 즉석에서 상대방에게 신뢰를 얻는 커뮤니케이션 스킬 전략이 존재한다. 그 효과도 탁월해서 이 책에도 곳곳에 관련 내용을 다루어 놓았다. 그렇지만 세일즈 스킬을 익히기에 앞서 신뢰의 기본 속성을 반드시 이해하고 있어야 한다.

노출된 시간 + 사회적 증거 + 가치 제공 = 신뢰

다시 말해, 신뢰는 노출된 시간과 그에 부합하는 사회적 증거, 마지막으로 상대의 수요를 충족시키는 가치 제공의 합으로 만들어지는 결과물이다. 말쑥한 외모와 세련된 소개 자료, 화려한 언변이 순간적인 신뢰를 형성할 수는 있으나, 한계는 분명히 존재한다. 만난 지 얼마 되지 않은 시점에서 결정을 내리기가 쉽지 않으며, 판단에 대한 부담이 크면 클수록 그 선택의 망설임 또한 비례하기 마련이다.

이를 통해 알 수 있는 게 있다. 바로 '영향력은 누적된 힘에서 나온다.'는 부분이다. 그러므로 짧은 미팅 시간 동안 신뢰를 획득하려는 마인드셋 자체가 벌써 변화의 대상이다. 즉, 세일즈 성과를 극대화하고 싶다면, 만나기 전부터 신뢰 형성 전략을 만들어 내야 한다는 말이다. 따라서 수강생의 질문은 다음과 같이 바뀌어야만 한다. "어떻게 해야 전략적으로 상대에게 나를 알리고, 존재를 증명하며, 가치를 제공할 수 있을까?"

실제로 나는 사전 신뢰 형성을 위해 온라인 플랫폼을 최대한 활용했으며, 이를 '퍼즐 전략'이라 이름 붙였다. 이 전략이 효력을 발휘하여, 교육 사업을 할 때는 강의 수강생과 코칭 고객을, 공간 사업을 할 때는 대관 클라이언트를 확보할 수 있었다.

이런 나의 이야기에 "퍼즐 전략이 무엇인가요?" 하는 질문이 들리는 듯하다. 퍼즐은 모두가 알고 있듯 사진이나 그림을 조각내 놓은 것이다. 이 조각을 해체했다가 다시 하나로 끼워 맞추는 놀이가 퍼즐 게임이다. 나는 이 원리를 이용하여 온라인으로 신뢰 형성을 했다. 마치 그림을 조각내어 퍼즐을 만들듯, '박성운'이라는 개인 브랜드와 '806'이라는 회사 브랜드를 여러 정보로 쪼개어 온라인 곳곳에 뿌려둔 것이다. 좀 더 이해하기 쉽게 직접 경험한 사례를 바탕으로 퍼즐 전략을 풀어본다.

먼저 교육 사업부터 설명하자면, 나의 클라이언트들이 유입되는 과정은 상당히 일관성 있다. 그들의 유입 경로를 내가 의도적으로 설계한 덕분이다. 사람들이 나를 발견하는 곳은 주로 유튜브와 인스타그램으로, 두 채널을 통해서 나를 만난 사람들은 해당 채널에서 콘텐츠를 소비한다. 이 과정에서 그들은 내가 온라인에 뿌려둔 첫 번째 퍼즐 조각을 맞추게 된다. 내가 리더십과 커뮤니케이션 스킬 분야의 전문가라는 사실 말이다. 이와 함께 수트를 말끔하게 차려입으며, 규칙적으로 운동을 하고, 사업 활동을 전개한다는 점도 알아차릴 수 있다. 이로써 전문가로서의 지식 역량뿐만 아니라 개인의 이미지를 노출하면서 보다 확실한 인상을 남길 수 있다.

만약 콘텐츠 내용이 도움이 된다거나 공감을 한다면, 잠재 고객들은 자연스레 다음 퍼즐을 찾게 된다. '나'라는 사람에 대해서 일차적인 신뢰가 형성되는 동시에 호기심이 발생하는 데서 오는 현상이다. 이에 따라 유튜브에서 나를 발견한 사람은 인스타그램에 들어오고, 인스타그램에서 나를 찾은 사람은 홈페이지를 거쳐 유튜브 혹은 블로그로 이동한다.

고백하자면, 이 과정 모두를 철저히 의도했다. 유튜브 프로필에 홈페이지와 인스타그램 주소를 노출해 두었으니까. 더불어 유튜브 동영상의 좌측 하단에는 인스타그램 주소를 워터마크 처리하여 삽입해 두었다. 또 인스타그램의 프로필에는 개인 홈페이지를 연결해 놓았는데, 거기에는 나의 커리어 히스토리를 알 수 있는 상세 기사가 작성되어 있으며, 각 소개에 해당하는 근거 자료로 이동할 수 있는 링크도 설정해 두었다. 이 모든 경로를 통해 잠재 고객들은 블로그와 브런치, 각종 유·무료 콘텐츠와 실제 사례를 자유롭게 넘나들며, 박성운과 806을 스스로 확인하게 된다.

참고로 유튜브에서는 전문성 있는 '지식'을 다룬다면, 인스타그램에서는 전문가로서의 '이미지'를 노출 중이다. 또 웹사이트에서는 전문성 있는 지식을 좀 더 알기 쉽게 '정리'해 둠으로써 사람들의 이해를 돕게 했다. 이렇게 다양한 SNS 채널을 통해 내가 뿌려둔 퍼즐을 맞춘 잠재 고객들은 마침내 나에 대한 종합적인 이미지를 형성해 낸다.

〈온라인에서 신뢰가 형성되는 과정〉

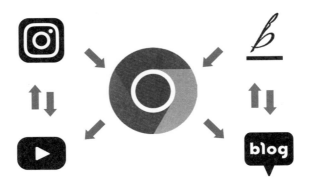

이러한 루틴을 좀 더 세밀하게 설계하면, 그 안에 무료 e-Book과 온라인 강의, 온라인 커뮤니티, 후기 모음 등을 첨부할 수 있다. 한마디로, 당신에 대한 정보를 다양한 채널에 뿌려두고, 사람들이 스스로 그 정보를 찾게 하는 게 핵심이다. 헨젤과 그레텔이 바닥에 떨어진 부스러기를 따라 과자로 만들어진 집에 다다른 것처럼.

교육 사업을 통해 터득한 이 전략을 공간 비즈니스에도 똑같이 적용했다. 대관 사업을 활성화하기 위해 1차로는 연관 검색이 가장 활발하게 이뤄지는 블로그를 공략했다. 대관이 없을 때는 공간에서 무료 이벤트를 개최하거나 자체 기획한 행사를 진행하여 포트폴리오를 쌓았다. 이렇게 축적한 자료들을 블로그에 상세한 설명과 함께 정기적으로 소개했다.

더불어 각 포스팅에는 연관된 다른 글을 링크로 연결함으로써 체류시간을 확보했다. 인간은 시간을 많이 투자할수록 친밀감과 신뢰도가 오른다는 사실과 SNS 플랫폼의 특성상 오래 머무는 콘텐츠가 좋은 콘텐츠로 분류된다는 점을 적용한 작전이었다. 그리고 각 포스트의 끝에는 홈페이지로 이어질 수 있도록 행동 자극 문구와 연결 링크를 배치해 두었다.

이게 끝이 아니다. 홈페이지에 들어오면, 공간에 직접 방문하지 않아도 마치 방문해 본 듯한 느낌을 주기 위해, 사례별로 공간 배치 이미지를 올려두었다. 더 나아가 공간을 영상으로 촬영한 후, 브랜드와 잘 어울리는 음악을 입혀 업로드 해두었다. 고객이 직접 문의를 하기 전에 우리 공간에 대한 충분한 정보는 물론, 이용에 대한 확신까지 들 수 있도록 설계한 것이다. 이렇게 실제 대관 시 연출될 모습을 예측할 수 있도록 이미지를 게시해 둔 덕분에, 고객의 전화가 걸려 왔을 경우에는 계약 조건에 관한 부분만 나누면 되었다.

앞에서도 여러 번 언급했지만, 인간은 본인의 노력을 들여 얻은 것을 소중하게 여기는 경향이 있다. 이를 심리학에서는 '노력 정당화 효과Effort Justification Effect'라고 하는데, 어떤 목표를 위해 많은 노력을 기울였을 때, 그 결과물을 더 가치 있게 여기는 현상이다. 많은 노력을 들인 결과가 가치 없게 느껴지면, 심리적 불편함이 생겨서 이를 투자한 시간과 노력을 정당화하기 위해 결과물의 가치를 높게 평가하는 것이다. 퍼즐 전략은 이러한 인간의 심리를 적절하게 자극하는 스킬이다. 잠재 고객이 모든 정보를 스스로 획득하게 하여 해당 정보의 가치를 더욱 크게 받아들이도록 했으니까.

또한 SNS를 통해 개인의 모습을 자주 노출할 경우 '준사회적 상호작용Parasocial Interaction'의 효과를 일으키기도 한다. 이는 사람들에게 연예인, 유튜버, 정치인 등 미디어에 등장하는 인물처럼 친밀한 느낌을 주는 현상을 말한다. 예를 들어, 스티브 잡스나 영화 〈블랙 팬서〉의 채드윅 보즈먼과 같은 유명인이 세상을 떠났을 때, 자기도 모르게 가슴 한쪽이 허전하게 느껴진 적이 있을 것이다. 실제로 만나보지는 않았지만, 다양한 매체를 통해서 자주 접하다 보니 어느새 정이 들어버린 것이다. 도널드 호턴과 리처드 월이 1965년에 처음 소개한 이 개념은, 초기에 TV 시청자들의 행동을 설명하기 위해 사용되었는데, 현재는 SNS 플랫폼으로 확장되었다.

이를 근거로 온라인을 통해 당신에 대한 입체적인 정보를 사람들에게 전한다면, 동일한 효과를 누릴 수 있다. 영상과 이미지, 글과 음성으로 사람들을 먼저 만난다면, 그것이 당신에 대한 장기적 인식이 되고, 영향력 있는 브랜드로 발전한다.

만약 당신이 자기 분야에서 영향력을 행사하고, 이를 바탕으로 사업을 일으키거나 혹은 사회나 특정 분야에 메시지를 전달하고 싶다면, 정보를 영리하게 활용해야 한다. 채널 한 곳에서 모든 것을 다 주려고 하면 안 된다는 뜻이다. 그렇게 할 수도 없거니와 사람들은 쉽게 얻은 정보에서 가치를 느끼지 못하는 법이다. 그러니 다양한 형태로 가공하여, 그들이 스스로 찾아낼 수 있도록 가이드해라.

하나 더 강조하고 싶은 부분은 홈페이지 운영이다. 나는 홈페이지를 기획하고, 제작하는 능력이 내 브랜딩에 결정적인 역할을 했다고 자신 있게 말할 수 있다. 앞에서 예로 든 그림에서도 볼 수 있듯이, 내 고객들의 종착점은 홈페이지다. 웹사이트가 모든 퍼즐 조각이 맞춰지는 곳이라는 얘기다.

이제 당신은 확실히 알았을 것이다. 신뢰 형성의 작업은 만나기 전부터 시작되어야만 한다는 사실을 말이다. 그리고 이를 위해서는 온라인을 적극적으로 활용해야 함도 깨달았을 테다. 많은 구독자를 보유한 인플루언서가 되라는 의미가 아니다. 당신 혹은 당신의 비즈니스에 관한 정보를 온라인에 퍼즐 조각처럼 뿌려두라는 말이다. 그렇게 하면, 잠재 고객에게 장기적으로 노출함으로써 사회적인 증거를 제시하고, 사전에 충분한 가치를 제공할 수 있다.

요약하자면, 상대와 만난 자리에서 신뢰를 쌓으려고 하지 말고, 퍼즐 전략을 활용하여 상대의 마음을 사전에 컨디셔닝 해라. 이길 수 있는 전쟁터에서 싸워야 승리의 확률도 올라가는 법이니까.

3

돈을 끌어당기는 사람 VS 돈을 밀어내는 사람

거의 대부분의 사람이 돈을 원한다. 그러나 아이러니하게도 사람들은 돈에 대한 기본 욕구와 정반대로 행동하곤 한다. 다시 말해, 사람들은 돈을 원하고 있음에도, 마치 돈을 원하지 않는 듯한 행동을 한다. 이렇게 돈을 밀어내는 사람들은 다음과 같은 2가지 특징을 보인다.

첫째, 큰돈을 두려워한다.
둘째, 돈 이야기를 못한다.

가령, 고객에게 자기가 판매하는 상품을 소개하는 것까지는 잘하지만, 가격을 이야기할 때면 머뭇거린다. 고가의 상품을 기획하면 아무도 사지 않을까 봐 걱정하고, 큰돈을 이야기하려면 생각만 해도 얼굴이 달아오르는 느낌을 받는다. 또 돈 이야기를 하면 돈만 밝히는 사람처럼 보일까 봐 염려하고, 돈 이야기를 꺼냈다가 관계가 틀어지지는 않을까 해 망설인다. 이 모든 사고는 돈을 밀어내는 전형적인 모습이다.

자, 생각해 보자. 당신이 돈 이야기를 하는 상황이라면, 분명히 '사업적 거래'를 하고 있다는 증거다. 사업의 기본 목적은 수익 창출이므로 돈 이야기는 선택 사항이 아니라 기본 중의 기본이다. 그러므로 돈 이야기가 '무례할 것 같다.'거나 '돈만 밝히는 것처럼 보인다.'는 생각은 스스로 만들어낸 구실에 불과하다고 할 수 있다. 진정으로 당신이 돈 이야기를 못하는 이유는 따로 있다. 바로 '가치 제공의 확신이 없어서'다.

돈 이야기를 하지 못하는 사람은 확신이 없는 사람이다. 본인이 판매하는 상품이나 서비스에 확신이 없고, 상대에게 가치를 제공할 능력이 부족하다고 여기며, 성과가 나지 않았을 때 받게 될 비판을 두려워한다. 성공 경험의 부재로 확신을 가질만한 근거 자체가 없을 수도 있다. 그래서 고객을 리드하기는커녕 '배려'

와 '친절'이라는 미명 아래 고개를 숙이며, 저자세를 유지한다. 당연히 돈은 그들을 따라오지 않는다. 심지어 큰돈을 주는 고객을 부담스럽게 여긴다.

돈을 벌고 싶다면, 돈 이야기를 편하게 할 수 있어야 한다. 세일즈 프로와 아마추어의 가장 큰 차이도 여기에 있다. 프로는 가격을 물을 때 가격을 답하고, 아마추어는 해당 가격이 책정된 이유부터 설명한다. 프로는 고객에게 서비스를 제공하여 만족시킨 경험이 있어서 가격에 대한 부정이 있어도 흔들리지 않지만, 아마추어는 혹시라도 고객을 놓칠까 싶어서 안절부절못한다.

내가 클럽806의 공간 대관을 진행할 때도 마찬가지다. 고객이 대관에 앞서 사전 답사 시 이런저런 염려를 할 때, 나에게는 그를 안심시킬 능력이 있다. 모든 고민은 실제로 일어나지 않을 단순한 걱정에 그칠 뿐임을 여러 사례로 직접 겪은 덕분이다. 그래서 가격을 이야기하는 데 주저함이 없고, 이 모습은 신뢰 형성으로 이어진다. 만일 실제로 가치 제공을 통해 좋은 피드백을 받은 경험이 없다면, 다음과 같은 마음가짐을 가질 수 있도록 훈련해야 한다. '반드시 도울 수 있다.', '반드시 성과를 낸다.', '반드시 해낼 것이다.'

초과된 가치

무소의 뿔처럼 흔들림 없이 밀고 나가야 한다. 경험이 부족함을 탓할 것이 아니라 꾸준한 연습과 노력을 통해 실력을 쌓아야 한다. 제공할 수 있는 가치의 크기를 키우고, 실제 경험을 통해 좋은 피드백을 받는 빈도를 늘려야 한다. 그렇게 스스로를 믿을 수 있는 근거를 만들고, 돈 이야기에 편해져야 한다. 그게 당신이 돈을 벌 수 있는 방법이다. 확신에 찬 채로 가치 제공을 약속하는 당신의 모습은 상대의 마음에 믿음을 심는다.

돈 이야기를 함에 있어 당신이 신경 써야 할 부분은 '금액의 크기'가 아니라 제공해야 할 '가치의 크기'이다. 액수에 멘탈이 무너져버리면, 결코 고객에게 신뢰를 줄 수 없고, 따라서 고객도 당신도 원하는 것을 얻지 못하는 불상사가 생기고 만다.

이안 로버트슨이 쓴 《승자의 뇌》에는 "뇌는 승리의 쾌감을 기억한다."라는 명문장이 쓰여 있다. 이 말처럼 처음에는 돈 이야기를 하는 것이 힘들지라도, 단 한번만 세일즈에 성공한다면, 그다음부터는 수월하게 해낼 수 있게 된다. 이미 해봤으므로. 이렇게 성공의 경험을 축적하면 할수록 당신의 뇌에는 '해내는 게 기본값'이라는 승리의 DNA가 새겨지며, 자연스레 돈을 끌어당기게 될 테다.

담대하게 행동하고, 당당하게 드러내라. 돈을 벌고 싶다면, 확신에 찬 모습으로 돈 이야기를 해라. 사람을 얻고 싶다면, 확신에 찬 표정으로 감정을 전달해라. 가장 중요한 건 그런 확신이 허세가 되지 않도록 내실을 다지는 것이다. 노력이라는 근거를 통해 다져진 확신은, 당신을 더욱 믿을 만한 존재, 영향력 있는 존재로 만들어 줄 게 분명하다.

4

시간당 보수를
끌어올리는 법

집 근처에 종종 들리는 카페가 하나 있다. 아담하고, 고즈넉한 분위기에 햇살도 잘 들고, 커피 맛도 좋아서 즐겨 찾는 곳이다. 이곳의 아메리카노 가격은 3,700원. 유명 프랜차이즈 커피에 비하면, 값이 상대적으로 저렴하다.

사무실이 있는 광화문 쪽에도 자주 들리는 카페가 하나 있다. 포시즌스 호텔 1층의 '마루'라는 곳이다. 장소가 고급 호텔이니만큼 인테리어도 훌륭하고, 직원들의 응대도 최상이다. 이곳에서 판매하는 아메리카노의 가격은 현재 18,000원. 금액만 놓고 보면 앞서 언급한 카페보다 무려 4배 이상 비싼 가격이다. 어쩌면 당신은 "그런 터무니없는 가격을 지불하면서 커피를 마신다고?"라며 따질지도 모르겠다. 그러나 점심시간쯤 여기에 방문하면, 앉을 자리가 없을 정도로 손님이 빽빽이 차 있다.

그렇다면 고가의 커피 맛은 다를까? 솔직히 그건 잘 모르겠다. 나는 커피 맛에 대해서 깊은 조예가 있지도 않고, 까다롭게 원두를 가려가며 커피를 즐기는 마니아도 아니다. 무엇보다 중요한 사실은 커피 맛으로 인해 이 카페를 찾는 게 아니라는 점이다. 내가 포시즌스에서 손님을 만나고, 커피를 마시는 이유는 '경험'과 '의미'에 있다. 고급스러운 공간과 친절한 서비스 경험 그리고 포시즌스 호텔에서 커피를 마신다는 의미.

한편, 일반적으로 사람들의 머릿속에는 다음과 같은 오해가 자리 잡고 있다.

더 높은 가격 = 더 좋은 제품(서비스)

한마디로, 돈을 많이 받기 위해서는 반드시 더 좋은 제품이나 더 좋은 서비스 개발이 필요하다고 생각하는 것이다. 당연히 품질도 중요하다. 하지만 이런 생각으로 비즈니스를 하다가는, 돈을 벌어도 반드시 한계에 부딪히게 되어있다. 언제나 '더 많이', '더 열심히', '더 좋게'만을 떠올리며, 제품 개선에만 노력을 쏟아붓기 때문이다.

이 연장선으로 만약 동네의 작은 카페에서 18,000원짜리 커피를 팔면 어떨까? 호텔에서 제공하는 퀄리티의 원두와 커피잔, 고가의 가구와 인테리어까지 제공한다면, 당신은 기꺼이 그 금액을 주고 커피를 마실까? 아마도 그렇지 않을 것이다. 당신이 지불하는 돈은 사실상 커피에 대한 것도, 고급 찻잔 세트나 가구에 대한 것도 아니기 때문이다. 혹여나 그렇다면, 동일 조건의 다른 카페에서 같은 비용을 지불해야 하는 게 마땅하다.

여기에서 알 수 있듯이 안타깝게도 사람들은 당신의 피, 땀, 눈물에는 관심이 없다. 이런 내 주장에 반박하고 싶다면, 한번이라도 지금 쓰는 물건을 만든 누군가의 노력을 알아보고, 감사한 적이 있는지 떠올려 봐라. 당신의 답이 말해주듯이 상품이나 서비스 자체만 더 좋게 만든다고 더 높은 보수를 받는 건 아님을 명심하자. 루이비통의 가방이 삼청동의 가죽 공방에서 만든 것보다 2~30배 더 품질이 좋아서 그 가격을 받는 게 아니다. 심지어 동일한 소재의 가죽으로 만들어도, 일반 제작자는 명품 브랜드의 가방과 같은 가격을 받기 힘들다. 루이비통이라는 브랜드가 제공하는 경험과 의미가 결국 그 가격을 지불하게 만드는 이유이자 근거가 되는 셈이다.

그러니 더 높은 가격을 받고 싶다면, 상품 자체가 아니라 고객 경험 전반으로 관점을 확장해야 한다. 즉, 동네 카페와 호텔 카페를 비교할 때는, 커피 자체의 맛이 아니라 커피가 고객에게 전달되는 모든 여정을 통틀어 고려해야 한다는 얘기다. 참고로 포시즌스 호텔의 카페는 나에게 대략 다음과 같은 경험을 제공한다.

1. 깔끔하게 유니폼을 차려입은 직원들
2. 직원들의 따스한 미소와 친절한 말투
3. 공간의 고급스러운 인테리어와 가구 그리고 향
4. 고급스러운 커피잔과 함께 나오는 다과
5. 앉은 자리에서 주문부터 결제까지 가능한 편의성
6. 광화문 한복판의 고급 호텔이라는 지리적 요소
7. '포시즌스'라는 고급 호텔 브랜드의 힘

이 밖에도 호텔은 자사 브랜드의 이미지를 철저히 관리함으로써 고객들이 그곳을 찾는 행위를 자랑스럽게 여기도록 만든다. 언론을 통해 지속적으로 PR하고, 각종 권위 있는 행사를 유치하여 브랜드의 가치를 제고한다. 이 모든 게 복합적으로 연결됨에 따라 '인플루언싱' 효과를 일으키면서 18,000원도 기꺼이 지불하게 되는 것이다.

재차 언급한다. 고가의 상품과 서비스를 개발하고자 한다면, 고객의 경험과 의미 제공에 집중해야 한다. 품질 개선, 기능 업그레이드 등에만 노력을 쏟아서는 차별화에 한계가 생긴다. 이런 상황과 마주하지 않으려면, 고객의 전반적인 경험 자체를 설계해야 한다.

내 커뮤니케이션 코칭 프로그램이 세션당 50만 원의 비용을 받을 수 있었던 이유도 정확한 니즈 파악과 특별한 경험 설계 덕분이었다. 개인의 프라이버시를 중요하게 여기는 리더들을 대상으로 서비스를 제공했고, 마치 도서관을 통째로 빌린 듯한 공간에서 실전과 같은 프레젠테이션 훈련을 할 수 있도록 했다. 더불어 발표 자료의 수정과 보완 업무, 미디어 자료 제공 등 추가 서비스도 아낌없이 제공했다. 인사부터 음료 제공까지 클라이언트 접객 방식도 일반 학원에서는 예측도 하지 못할 만큼 고급스럽고, 정성스럽게 세팅했다. 평소 고급 경험에 익숙한 그들의 머릿속에 '고급스러운 곳이군.', '돈값을 하는군.'이라는 인식이 생길 수 있도록 무의식을 자극한 것이다. 그와 동시에 유튜브, 인스타그램이라는 도구를 통해 지속적으로 내 존재를 알리며, '박성운'이라는 인물의 브랜드 영향력을 키워나갔다.

클럽806의 대관 사업도 그렇다. 우리는 일반 강의장보다 조금 더 높은 시간당 대관료를 받고 있는데, 더 뛰어난 장비나 입지 때문이 아니다. 다른 곳에서 경험할 수 없는 독보적인 분위기와 컨셉이 그 이유다. 그래서 웹사이트의 디자인과 공간의 소개 방식도 오프라인 공간과 동일한 느낌을 입혀, 브랜딩 효과를 극대화했다. SNS 마케팅에서도 '공간은 5성 호텔급, 가격은 일반 강의장급'이라는 캐치프레이즈를 내걸어, 사람들의 의식 속에 '호텔'이라는 고급 시설을 떠올리도록 의도했다. 그리하여 우리는 '고급 호텔에서 하기에는 예산이나 인원이 적고, 식상한 강의장에서는 교육을 하고 싶지는 않은 고객'을 잡을 수 있었다. 이 전략에 힘입어 명품 브랜드는 물론, 대기업과 명문대학, 언론사 등의 클라이언트를 유치할 수 있었다. 심지어 NETFLIX에 론칭하는 드라마의 촬영지로도 선정되었다. 이 모두가 운이 아닌 철저한 브랜딩 전략으로 얻어낸 결과다.

꼭 합리적인 가격만이 각광받지는 않는다. 돈을 더 내더라도, 그만한 가치가 있다면 지불할 사람들은 반드시 있다. 당신은 고객에게 무엇을 제공하는가? 기능과 품질에만 중점을 두었다면, 이제는 고객의 경험과 그들에게 제공할 의미도 개발해라. 이를 통해 더 높은 부가가치를 만들어낼 수 있다.

더 높은 지위

상대방은 자신보다 높은 위치에 있다고
믿는 사람에게 영향을 받는다

HIGHER
STATUS

상대를 외모로 판단하지 마라.
그러나 명심해라.
당신은 외모로 판단될 것이다.
· · ·
코코 넬샤

나를 전략적으로
드러내는 법

지금 여기, 뉴욕 센트럴 파크 근처 거리에 한 노인이 있다. 허름한 차림의 그는 주섬주섬 액자를 꺼내어 사람들이 볼 수 있도록 진열한다. 그의 작은 노점에 전시된 작품 가격은 평균 80달러^{한화로} ^{약 11만 원} 정도. 하지만 오전 11시에 노점을 개시하고, 오후 3시가 될 때까지 아무도 그림을 사 가지 않는다. 노인은 가판대 앞 간이 철제 의자에 앉아서 한가로이 하품이나 할 뿐이다. 시간이 조금 더 지나, 한 여성이 처음으로 그림을 사 갔다. 그마저도 50% 할인 한 금액이었다. 그날의 첫 번째 판매였다. 이후로도 상황은 크게 다르지 않았다. 한 남성이 새로 인테리어를 하는 자기 집에 뭔가 걸 게 필요해서 2점을 구매했고, 이후로도 몇몇 행인이 관심을 보이면서 그림을 사 갔다. 어느덧 오후 6시. 노인은 다시 느릿느릿한 동작으로 걸어둔 작품들을 챙겨, 집으로 돌아갈 준비를 했다. 그날 하루 총판매 금액은 약 60만 원가량이었다.

이 이벤트는 〈월 스트리트 저널〉에서 실시한 사회 실험이었는데, 이날 가판대에 올려놓은 그림은 모두 얼굴 없는 화가, 뱅크시가 직접 그린 원화였다. 참고로 뱅크시는 영국을 기반으로 신원을 밝히지 않고 활동하는 그래피티 작가이자 영화감독이다. 그의 작품은 2018년, 소더비 경매에서 한화로 약 15억 원에 낙찰되었다. 최고 낙찰가는 2021년, 크리스티 경매에서 낙찰된 1,440만 파운드^{약 231억 원}다. 실험이 종료된 이후, 기자가 그림을 구입한 사람들을 직접 찾아가 이 사실을 전달하자, 그들은 상상조차 하지 못했다며 흥분했다. 7~8만 원 정도에 구매한 2점의 그림이 추정 가치 약 3~4,000만 원임을 알게 된 후의 반응이었다. 미술 투자로 본다면, 말도 안 되는 성공을 한 셈이다.

상대를 그저 눈에 보이는 것만으로 평가를 해서는 안 되겠지만, 어쩔 수 없이 인간은 눈에 보이는 정보를 바탕으로 현재 상태를 판단한다. 가령, 누추한 몰골로 서울역 앞 계단에 앉아 있으면 노숙자로 몰리기 십상이고, 에르메스 백을 들고 페라리에서 내리면 성공한 사람으로 비치듯이 말이다. 실제로는 역 앞의 노숙자가 엄청난 자산가이고, 페라리 운전자가 사기꾼이라 하더라도, 그런 내막을 겉모습만으로는 알아볼 수 없다.

한편, 나는 사람들이 눈에 보이는 시각적 정보만으로 얼마나 많은 것을 판정하는지 작은 실험을 한 적이 있다. 인간의 비언어 커뮤니케이션과 관련해 교육하는 중, 근엄한 표정의 노인이 손을 포개어 책상 위에 올려두고 앉아 있는 사진을 사전 예고 없이 수강생들에게 3초간 노출했다. 그런 다음, 사진 속 남자에 대한 의견을 나눠달라고 했다. 그랬더니 다들 그의 직업과 사회적 지위, 연봉, 성격은 물론이고, 자녀 수, 심지어는 운전하는 차량의 브랜드와 모델까지 주저 없이 이야기했다. 더 재미있는 사실은, 대다수의 의견이 큰 차이 없이 하나로 모아졌다는 점이다.

나는 그들에게 3초라는 매우 짧은 시간에, 동영상도 아닌 달랑 사진 1장을 보여줬을 뿐이다. 게다가 주의 깊게 살펴보라며 예고하지 않고, 돌발적으로 이미지를 띄웠다. 당연히 해당 이미지의 여러 정보를 살피기에는 시간이 매우 부족했을 테다. 그런데도 높은 일치율을 보이며, 다양한 요소를 유추했다. 코코 샤넬이 했던 "상대는 당신을 외모로 평가할 것이다."라는 말이 묵직하게 다가오는 대목이다. 말 그대로, 찰나의 순간에 우리는 상대의 외모와 향기, 목소리, 제스처, 주변 환경 등 여러 부분을 종합적으로 분석하여 상대를 파악한다.

다시 앞의 에피소드로 돌아가, 뱅크시의 그림이 거리 위의 가판대가 아니라 고급 갤러리의 높고, 넓은 벽면에 걸려 있었다면 어땠을까? 또 작품 앞에는 접근을 제한하는 금지선을 설치해 두고, 양옆에는 덩치 큰 보디가드가 지키고 있다면? 설령 작가에 대해 잘 모른다 하더라도, 당신은 의심의 여지 없이 그 작품이 엄청난 가치가 있다고 받아들일 테다. 오로지 삼엄한 경비 속에 놓여 있다는 사실만으로, 이미 그림의 가치를 감정했다고 볼 수 있다.

이러한 인간의 특성에 따라 사람의 능력도 2가지로 나눌 수 있다. 하나는 실제 능력이고, 또 하나는 지각된 능력이다. 여기서 전자는 개인이 실제로 보유한 능력이며, 후자는 눈으로 보고 추측하여 파악한 능력이다. 그렇다면 실제 능력과 지각된 능력 중 어떤 쪽이 상대에게 더 큰 임팩트를 남길까?

당신이 변호사에게 사건을 맡긴다고 가정해 보자. 2명 중 1명에게 의뢰할 수 있는데, 각각 다음과 같은 모습을 하고 있다.

A   각종 서류가 빼곡하게 들어차 있는 허름한 지하의 1평짜리 사무실에, 낡

고 꾀죄한 정장 차림을 한 지친 얼굴의 변호사

B   통유리로 햇살이 들어오는 고층 빌딩의 사무실에 앉아, 세련된 차림으로
     여유롭고 환한 미소를 띠며 당신을 반기는 변호사

직관적으로 어떤 사람이 더 실력이 있고, 당신의 목표 달성을 도울 수 있다고 판단할 것인가? 상당히 높은 확률로 당신은 B에게 더 큰 신뢰를 느낄 것이다. 눈에 보이는 모든 시각적 정보가 "능력 있어!"라고 외치고 있어서다. 사실은 A 변호사가 국내 최고 대학에서 수석으로 졸업했을 뿐만 아니라, 승률 90%를 넘기는 실력자라고 하더라도 말이다. 겉으로만 봐서는 그러한 사항을 유추하기 힘들기 때문에 대다수가 B에게 사건을 의뢰할 것이다. 그야말로 제대로 드러내지 못하면, 자신을 증명할 수 있는 기회조차 얻기 힘든 현실이다.

많은 사람이 더 나은 삶을 살기 위해 애쓴다. 하루하루 열심히 업무에 매진하고, 없는 시간을 쪼개서 자기 계발에 투자한다. 실력을 키우고, 더욱 능력 있는 사람이 되기 위해 안간힘을 쓴다. 그러나 실력만 키우는 것으로는 성공하기 힘들다. 사회적으로 인정받으려면, 내 실력을 전략적으로 어필하는 것도 중요하다.

이유는 하나다. "Seeing is Believing." 사람들은 눈에 보이는

것을 믿기 때문이다. 그러므로 당신을 나타내는 모든 것이 당신의 능력을 어필할 수 있는 요소로 작용해야 한다. 이에 지금부터는 어떤 전략으로 나를 세상에 드러내면 되는지, 그 방법을 하나씩 알려주겠다.

나만의 상징물을
준비하라

당신은 미국의 뉴욕이라고 하면, 무엇이 떠오르는가? 프랑스의 파리는? 아마 많은 사람이 각각 '자유의 여신상'과 '에펠탑'을 답했을 것이다. 그렇다면 브라질은? 이 물음에는 바로 대답이 나오지 않을 수도 있지만, 다음 사진을 보면 "아!" 하며, 고개를 끄덕일지도 모른다.

높이 30m에 육박하는 이 거대한 예수 석상은, 브라질 리우데자네이루에 있다. 이 조각물이 어디에 있는지 정확한 위치는 모르더라도, 아마 많은 사람이 사진이나 영상으로 한번쯤은 봤을 테다. 참고로 브라질은 이를 통해 매년 막대한 관광 수익을 올리고 있다. 비슷한 상징물로는 몽골의 랜드마크인 칭기즈 칸 동상이 있다. 이는 높이 40m, 무게 250톤으로 현재 세계에서 가장 큰 기마상이다.

그럼, 우리나라의 수도인 서울의 광화문이라고 하면, 무엇이 떠오르는가? 대다수가 경복궁과 이순신 장군상, 세종대왕상 등을 얘기하지 않을까 싶다. 이웃 나라 도쿄에는 도쿄타워와 도쿄돔이, 중국에는 천안문과 만리장성이 있다.

이처럼 각 나라의 주요 도시에는 상징적인 존재가 하나 이상 있다. 그게 건축물일 수도 있고, 예술품인 경우도 있다. 비록 형태는 다르지만, 저마다의 역할은 같다. 그 나라 혹은 도시가 전달하고자 하는 사상과 이념 등의 메시지를 사람들에게 효과적으로 전달한다.

또 영향력 있는 랜드마크는 상품으로서의 가치도 발휘한다. 해당 지역을 방문했을 때, 들러야 하는 관광 코스가 되기도 하고, 제품으로 구매할 수 있는 기념품이 되기도 한다. 말 그대로 잘 만들어진 상징물은 지역의 영향력을 키우고, 수익까지 내는 효자 역할을 톡톡히 한다.

한편, 유럽이나 일본에는 문장 혹은 문양이라고 일컫는 가문의 표식이 있다. 유서 깊은 유럽의 가문에서는 사자, 방패, 백합, 화살, 기사, 말 등 다양한 아이콘과 색, 도형을 조합하여, 그들만의 고유한 표식을 사용한다. 심지어 가문을 넘어 기업 혹은 제품의 상표로 활용하는 경우도 있는데, 포르쉐가 대표적인 예다. 일본에서는 성씨마다 대표하는 문양이 있다. 통칭 '몬'이라고도 하는 이것은, 가계의 혈통이나 지위를 나타낸다. 특히, 일본의 각 지역을 담당하는 막부가 들어선 전국시대에 자기 계파를 드러내는 용도로 적극 상용했다. 이는 오늘날에도 여전히 남아있으며, 일본 황실을 나타내는 국화 문장은 일본 여권에도 새겨져 있다. 그 외에도 기업의 로고로 쓰이기도 하며, 교단이나 야쿠자의 상징적 표식으로도 이용하고 있다.

그런데 인간은 왜 이렇게 상징물을 만들어낼까? 첫 번째 이유는, 인간이 보이지 않는 것을 믿지 못하기 때문이다. 생각해 보라. 보이지 않는 존재를 믿을 수 있는가? 보이지 않는 존재를 믿게 하면, 저마다 다른 상상을 하게 될 것이다. 그러면 마음을 하나로 모으지 못하고, 분열을 일으키게 된다. 성경에서도 모세가 오랫동안 자리를 비웠을 때, 그를 기다리던 사람들은 불안에 떨었다고 한다. 그런 마음을 달래기 위해 만든 것이 황금 송아지 즉, 우상이었다. 그뿐만 아니라 벽에 그린 그림이든, 그릇에 담은 물이든, 동물의 뼛조각이든, 인간은 눈에 보이지 않는 존재를 믿고, 의지할 목적으로 눈에 보이는 무언가를 만들어왔다. 그리고 그 존재는 하나의 약속으로 작용해, 사람들에게 결속력을 부여했다.

두 번째 이유는, 메시지 전달이다. 상징물을 기획할 때는 어떠한 메시지를 담을지 고민한다. 예를 들어, 올림픽의 오륜기는 다양한 컬러와 원을 겹친 형태로 표현함으로써, 인류의 화합이라는 메시지를 담았다. 스타벅스 로고는 배 위의 선원을 유혹하는 '세이렌'이라는 인어를 형상화하여, 사람들이 자주 발걸음하기를 바라는 마음을 담았다. 이 외에도 국가를 비롯해 단체, 기업, 종교에 이르기까지 수많은 조직에서 그들이 전하고자 하는 이념과 사상을 담아 상징물을 만든다. 이런 시각적인 정보는 훨씬 강력하게 사람들에게 각인됨은 물론, 전달하고자 하는 내용을 일일이 설명해야 하는 번거로움도 줄인다. 애플의 한입 베어 먹은 사과 로고도, 배스킨라빈스의 핑크색 스푼도 같은 기능을 한다.

마지막 이유는, 가치 부여다. 샤넬의 로고가 붙은 쓰레기봉투는 얼마일까? 발렌시아가 로고가 붙은 에코백은? 상징물의 영향력이 커질수록 이를 통해 가치를 부여할 수 있는 방법도 무궁무진해진다. 한마디로 브랜딩 효과를 낳는 것이다. 특정 기업의 제품임을 알 수 있는 방법을 생각해 보면 쉽다. 독특한 소재를 사용하거나, 모양을 만들 수도 있고, 인상적인 색상을 사용할 수도 있다. 그 방법이야 어찌 되었든, 상징물의 영향력을 키울수록 그 주체가 갖는 힘도 막강해지기 마련이다. 이러한 이유로 각 회사는 브랜드 가치를 키우기 위해 고객의 머릿속에 강하게 자리 잡을 수 있는 무언가를 만들고, 이를 최대한 널리 알리기 위해 안간힘을 쓴다. 롯데가 잠실의 롯데월드타워를 세운 것도 단순 수익이 목적이 아니라, 그들의 도전 정신과 랜드마크로서의 자부심을 세우고자 했다고 봐도 무방한 것처럼 말이다.

그렇다면 상징물 전략을 위해서는 무엇을 갖추어야 할까? 다음 3가지를 반드시 지켜야 한다. 첫째, 전하는 메시지가 단순하고, 간결해야 한다. 복잡한 메시지 혹은 디자인은 이해하기 어려워서 오랫동안 기억되기 어렵다. 당장 나이키의 스우시나 맥도날드의 황금 아치, 애플의 사과 로고만 해도 어떤가? 매우 심플한데도 강렬한 인상을 남긴다. 세계자연기금WWF에서는 판다를 상징물로 로고에 사용 중인데, 이미지를 단순화했음에도 판다의 특징을 명확하게 보여준다. 국제 특송 업체인 페덱스도 그렇다. 단순한 문자형 로고이지만, E와 X 사이에 숨겨진 화살표가 기업의 철학과 특성을 반영하며, 인지하기도 쉽다. 이처럼 전하고자 하는 메시지가 단순하면서도 독특한 요소를 포함하면, 매우 효과적인 상징물이 될 수 있다. 다만, 지나치게 추상적이지 않도록 주의해야 한다.

둘째, 함축적이며, 연관성이 있어야 한다. 본디 상징물에는 다양한 내용을 내포시킬 수 있다. 그래서 조직이나 기업의 탄생 비화, 그들이 추구하는 비전, 혹은 핵심 가치 등을 담는다. 예를 들어, 아마존은 로고의 A와 Z 아래로 화살표가 이어져 있는데, 이는 모든 것을 취급한다는 비전을 의미한다. 동시에 미소 짓는 입을 형상화함으로써 고객 만족을 중요하게 여기는 기업의 자세를 전달한다. 그야말로 종합물류회사로서 추구하는 바를 함축적으로 담되, 연관성을 놓치지 않았다. 또 상징물에는 문화적인 맥락을 담기도 하는데, 일본 항공사 JAL의 로고를 대표 사례로 들 수 있겠다. JAL의 로고는 붉은색 원형 안에 학이 날개를 펼치고 있는 형상이다. 일본에서는 두루미가 장수와 번영 그리고 건강을 상징하며, 빨간색은 행복을 의미한다고 한다. 함축적인 동시에 문화적 스토리텔링까지 곁들인 훌륭한 예시다.

셋째, 폭넓은 적용성과 지속적인 노출이 필요하다. 우선 적용성부터 짚어보자. 과거와 달리 현재는 상징물이 다양한 매체와 환경에 활용된다. 이에 따라 인쇄물을 비롯해 상품, 간판, 디지털 스크린에 이르기까지 다채로운 크기와 형태로 유연한 적용이 가능해야 한다. 만일 크기에 따라 시인성이나 가독성이 떨어진다면, 상징물로서의 힘도 떨어질 수밖에 없다. 코카콜라는 이러한 점을 잘 고려한 기업이다. 언어에 따라 변화를 주어도 통일된 이미지를 남긴다. 구글도 마찬가지다. 구글 로고는 두들 형태로 다양한 메시지를 전달하는데, 이를테면, 광복절에는 태극기를 삽입하고,

월드컵 기간에는 축구 경기를 형상화한 로고를 선보인다. 이렇게 다양한 적용을 할 수 있게 되면, 지속적인 노출에도 용이하다. 기본 심벌의 형태 혹은 전달하는 메시지는 동일하지만, 여러 크기와 형태로 전달하면서 재미를 더할 수 있는 덕분이다.

나도 이와 같은 상징물 전략을 개인과 회사에 모두 적용했다. 개인적으로는 2:8로 정갈하게 빗어 넘긴 헤어와 말쑥하게 차려 입은 정장을 상징물로 설정했다. 그런 다음, 이 모습을 의식적으로 SNS에 노출했다. 그랬더니 어느새 이 차림새가 나를 나타내는 심벌이 되었다. 덕분에 비슷한 콘텐츠를 다루는 다른 크리에이터들과 나를 확연히 구분해 주었다. 806의 경우는 번호판을 로고로 제작해 SNS에 노출하고, 각종 기물과 상품, 문서에 모두 적용했다. 더불어 공간 인테리어 시에는 녹색 카펫과 짙은 갈색 계열의 목재, 금빛 조명 등으로 통일시켰다. 그 결과, 어떤 형태로든 806을 접해본 사람들이 다른 건물의 8층을 방문했을 때나, 클래식한 공간을 마주하게 되면, "어? 이거 806스럽네."라는 말이 자연스럽게 나오는 수준이 되었다.

이렇듯 대중에게 영향을 미치고 싶다면, 당신 혹은 당신의 조직을 대표할 수 있는 상징물 기획에 심혈을 기울여야 한다. 자, 이제 당신이 할 일은 정해졌다. 당신이 사람들에게 어떤 이미지로 남기를 원하는가를 생각한 다음, 어떤 장치로 그것을 나타낼지를 구상해라. 그리고 실행으로 옮겨라. 잘 만들어진 상징물은 당신의 성장과 발전을 위한 훌륭한 도구가 될 것이다.

카리스마는
속도에서 나온다

"포스가 느껴집니다."

"엄청 자신감에 차 있어 보여요."

나를 처음 마주하는 사람들이 보이는 반응이다. 아마 당신도 나를 처음 만나면, 비슷한 말을 하리라 생각한다. 왜냐하면 나는 '포스가 느껴지고, 자신감으로 가득할 수밖에 없는 잠재의식'을 품고 있으니까. 무엇보다 이를 신체 언어로 표현하는 갖가지 테크닉을 알고 있으며, 이와 관련한 연습을 의식적으로 꾸준히 했다.

인간의 모든 행동은 어디에서 시작되는가? 다름아닌 '뇌'다. 생각은 행동으로 이어지고, 행동은 생각으로 이어진다. 실제로도 생각이 바뀌면 행동이 바뀌고, 행동이 바뀌면 주변이 변한다. 그래서 인생을 변화시키려면, 사고방식부터 바꾸어야 하는 것이다.

한편, 사람들은 보통 면접이나 소개팅 또 세일즈를 할 때, 좋은 성과를 내려면 말을 잘해야 한다고 믿는다. 하지만 일반적으로 인간이 소통을 하는 데 언어가 차지하는 요소는 약 10%에 불과하다고 한다. 그렇다면 나머지 90%는 무엇으로 채우는 걸까? 바로 비언어적인 요소다.

이와 관련한 근거는 IBM, H&M 등 세계적인 다국적 기업을 컨설팅해 온 경영 컨설턴트 잭 내서가 저술한 《어떻게 능력을 보여줄 것인가?》에서 확인할 수 있다. 이 책에는 확신과 설득력을 주제로 한 흥미로운 실험이 여럿 등장한다. 가령, 2명의 의사가 같은 진단을 내릴 경우, 한 의사는 확신에 찬 표정으로, 다른 한 의사는 불확실한 표정으로 전달하게 되면, 환자 대부분이 전자의 의사 진단에 더 신뢰한다는 내용이다. 또 법정 증언에서 실제 증언의 정확성과는 별개로, 확신에 찬 증언을 하는 증인이 배심원들에게 긍정적인 인상을 남겼다는 사례도 있다. 모든 결과가 강한 확신으로 상대방에게 제안할 경우, 상대방은 그 의견에 더 높은 가치를 부여하고, 이를 믿으려 한다는 걸 증명한다.

그러나 이런 원리를 알게 되었다 하더라도 문제는, 살아가면서 매 순간 '나'라는 사람에 대해서 세세히 전할 수 있는 시간과 기회가 잘 주어지지 않는다는 데 있다. 하루에도 쉴 새 없이 스치는 많은 인연, 무수히 쏟아지는 온갖 정보로 인해, 사람들이 점점 집중력을 잃고 있다. 웬만해서는 상대방에게 나를 어필할 수 있는 시간 확보가 쉽지 않다. 이런 현실에서 빠르게 나의 강점과 매력을 발산하려면, 단순히 말하는 능력 즉, '말발'만 키워서는 안 된다. 음성보다 빠르게 메시지를 전달하는 '이미지'를 공략해야 승산이 있다.

이쯤 해서 나의 비결을 알려주려 한다. 도대체 내가 어떤 비언어적인 요소로 사람들에게 다가가기에 '포스', '아우라', '카리스마'와 같은 표현을 꾸준히 들을까? 그건 바로 '행동의 크기'에 있다.

조금 더 쉬운 설명을 위해, 야생 동물의 세계를 다룬 다큐멘터리 속으로 들어가 보자. 먹이사슬이 얽히고설켜 있는 동물의 왕국에서 맹수와 초식 동물은 정 반대의 행동 특성을 보인다. 먼저 토끼의 움직임을 살펴보자.

1. 행동의 크기가 매우 작다.

2. 행동의 속도가 매우 빠르다.

3. 행동의 반경이 매우 좁다.

토끼나 사슴과 같은 약한 동물들은 풀을 뜯으면서도 계속해서 주변을 살피고, 귀를 쫑긋 세우고 있다. 언제, 어디서 들이닥칠지 모르는 위험 때문에 사주 경계를 늦출 틈이 없는 것이다. 더불어 몸을 노출하는 위험을 최소화하고자 행동의 크기는 작아지고, 그 속도는 빨라질 수밖에 없다.

반면, 먹이사슬의 정점에 있는 맹수는 어떤가? 그들은 정반대로 행동한다.

1. 행동의 크기가 매우 크다.

2. 행동의 속도가 매우 느리다.

3. 행동의 반경이 매우 넓다.

대표적인 동물이 바로 사자다. 사자가 토끼처럼 주변을 살피느라 바쁜가? 오히려 여유로워도 너무 여유롭다. 심지어 먹잇감을 노릴 때도 땅에 엎드려서 주시한다. 어디 그뿐인가. 사자의 걸음걸이를 '어슬렁어슬렁'이라고 표현하곤 하는데, 국어사전에서는 이를 '몸집이 큰 사람이나 짐승이 몸을 조금 흔들며 계속 천천히 걸어 다니는 모양'이라고 정의한다. 하지만 '목표가 확실할 때'는 거침없다. 쏜살같이 달려든다. 그 외에는 결코 서두르는 법이 없다.

사람도 마찬가지다. 자신감 없고, 위축되어 있으면, 주변의 눈치를 살피느라 바쁘다. 행동의 크기도 작고, 활동 반경이 좁다. 발표할 때만 봐도 그들의 유형이 보인다. 긴장을 많이 한 사람은 무대를 활보하지 못하고, 못으로 고정한 듯 한자리에 서 있다. 손의 움직임은 경직되어 가슴팍을 넘기지 않는다. 참고로 나는 이를 두고 '티라노사우루스의 팔'이라고 부른다. 퇴장할 때도 총총걸음으로 허겁지겁 도망치듯 내려온다. 이것이 비단 무대에서만 일어나는 장면은 아니리라고 본다.

이와 달리 자신감이 넘치는 사람들은 정반대의 면모를 보여준다. 미국 대통령 후보들의 연설 무대를 떠올리면, 이해가 빠를 것이다. 그들은 대중 앞에 서기 전, 일거수일투족을 전문가의 힘을 빌려 철저히 준비하고, 훈련한다. 무대에 올라 포디엄까지 걸어갈 때의 표정과 손짓, 걸음걸이를 살펴봐라. 고개를 돌려 지지자들을 그윽하면서도 강렬하게 쳐다보며, 손을 높이 치켜세워 천천히 흔들고, 커다란 보폭으로 성큼성큼 한 발 한 발 내디딘다. 한마디로 온몸에 여유로움이 넘친다. 기업을 이끄는 대표, 군을 호령하는 장군, 수험생을 가르치는 일타 강사도 예외는 아니다.

나 또한 이러한 비언어의 힘을 아는 사람으로서 매 순간 의식하며, 삶에 적용한다. 가령, 강의 시작 전 연단에 오르면서는 일부러 행동의 속도를 늦춘다. 무대에 올라 청중을 볼 때에는 좌에서 우로 고개를 돌리며, 천천히 눈을 마주친다. 목소리의 속도는 느리되 힘차게 뻗어나가도록 신경 쓴다. 모두 청중에게 나를 확신에 찬 사람이라는 인상을 심어주기 위한 의도된 행동이다.

네트워킹 이벤트에 참석했을 때도 마찬가지다. 처음 만나 서먹한 사람들 사이에서 우왕좌왕하기보다는, 내 자리에 서서 주변을 천천히 살핀다. 들고 있는 음료를 마시며, 호흡을 가다듬고, 행사에 누가 참석했는지, 각 테이블에서 어떤 이야기가 오가는지 듣는다. 그리고 내가 참여할 수 있는 주제의 대화를 나누거나 혹은 타인의 참여를 기다리는 듯한 대상이 보일 때, 자연스럽게 다가가서 이야기를 섞는다.

첩보영화의 대명사 〈007〉시리즈에 등장하는 스파이 제임스 본드는 왜 수많은 남성에게 선망의 대상이 되었을까? 죽음이 눈앞에 드리워진 상황에서도 떨거나 주눅 들지 않은 덕분이다. 또 어떤 미녀가 다가와도 말을 더듬거나 쭈뼛거리지 않으며, 예상하지 못한 상황이 펼쳐져도 당황하거나 좌절하지 않아서다. 다시 말해, 그의 외모와 모든 행동에서 자신감이 뿜어져 나오기에, 깊은 매력과 남자다움을 느끼는 것이다.

꼭 기억해라. 당신의 행동은 의식을 대변한다. 동시에 당신의 행동이 의식에 영향을 미친다. 몸과 마음은 연결되어 있으니까. 그러니 두렵거나 긴장이 된다면, 행동의 속도를 늦추되 동작의 크기는 키워라. 만약 내면에 자신감이 있다면, 생각뿐만 아니라 자세와 태도, 행동에도 적용하여 상대에게 드러내라. 구태여 당신의 능력과 확신에 차 있다는 사실을 설명하지 않더라도 상대에게 충분히 전달될 것이다.

4

김밥천국과
스시 장인의 차이

'열 가지 재주가 있는 사람이 저녁을 굶는다.'는 말이 있다. 다양한 능력을 갖춘 사람이 성공하기 힘들다는 뜻인데, 납득이 잘 안된다. 여러 재능이 있는데, 왜 성공하기 힘들다는 것일까? 이를 설명하기 위해 2개의 에피소드를 가져와 본다.

친구	미스터 박! 여기 셰프가 도대체 몇 명이야?
나	아마 2명?
친구	2명에서 이 많은 메뉴를 다 요리한다고? 정말 대단한 분들이네!

외국인 친구를 김밥천국에 데려갔을 때, 실제로 나눈 대화다. 그는 벽면에 걸린 메뉴판을 보고는 꽤 놀라워했다. 주방 인원수에 비해 메뉴의 수가 너무나도 많았기 때문이다.

나는 이 김밥천국이 재주 많은 사람과 같다고 생각한다. 먹을 만한 메뉴가 많기는 하나, 뛰어난 한 가지가 없다. 물론, 이따금 다방면에서 뛰어난 사람을 만나기도 하는데, 지극히 특수한 경우이므로 제외하자. 아무튼 재주가 무수한 이들은 하나를 깊게 파고든 사람에 비해 전문성이 떨어진다. 이에 따라 높은 금액을 받을 수 없다. 가령, 김밥천국의 메뉴 하나가 5만 원이면 어떻게 될까? 아마 손님들의 발걸음이 끊기고 말 것이다.

이와는 달리, 미국의 오바마 전 대통령과 일본의 아베 전 총리가 함께 식사를 했던 '스키야바시 지로'라는 초밥 전문점이 있다. 1인당 가격이 무려 30만 원 정도라고 하는데, 놀랍게도 반년 전에 예약이 마감된다고 한다. 식사 한 끼에 30만 원이라는 가격이 너무 고가가 아니냐고 할 수 있지만, 여기 장인이 무려 40년 이상 초밥만 만들어온 사실을 안다면, 충분히 수긍하지 않을까 한다. 게다가 '오랜 시간 한 분야를 파고든 장인이 운영하는 가게', '국가 정상들이 다녀간 가게'라는 타이틀은 자연스럽게 그 가치를 높이 평가하게 만든다.

김밥천국과 초밥 장인의 사례는 "한 분야를 좁고, 깊게 파고 들어야 성공한다."라는 메시지를 잘 풀어낸 대표적인 사례다. 한마디로, 여러 재주를 가진 사람보다 한 분야에 전문성을 갖춘 사람이 성공한다는 의미다. 그런데 정말 재주가 많으면 성공하기가 어려운 걸까? 반드시 하나만 파고들어야 하는 걸까? 내 생각은 조금 다르다.

다시 초밥 장인 이야기로 돌아가 보자. 초밥 장인을 '초밥을 뛰어나게 잘 만드는 사람'으로 단순하게 설명할 수도 있으나, 그는 훨씬 다방면의 재능꾼일 수 있다. 예를 들어, 손기술이 매우 뛰어날 수도 있고, 동시에 가게 운영에 뛰어난 지략가일 수도 있다. 혹은 센스 있는 언어로 고객의 마음을 사로잡는 달변가일 수도 있다. 여러 재주를 가진 재주꾼일 수 있다는 얘기다. 단지, 모든 재능을 '초밥'이라는 하나의 분야에 응축시켰을 뿐이다.

나는 재주가 많은 사람을 풍성한 재료로 채워진 냉장고와도 같다고 본다. 재료가 다양하면 어떤가? 훌륭한 요리를 만들 수 있는 가능성이 높아진다. 같은 맥락으로 N개의 재주가 있으면, 성공 확률이 더 높다. 하지만 조건이 따른다. 본인이 가진 능력들을 하나의 부속품으로 인지해야 한다는 점이다. 여러 관심사와 재주를 따로따로 떼어두면 안 된다는 뜻이다. 대신, 부속들을 어떻게 조합해서, 어떤 결과물을 만들지 고민해야 한다. 그래서 몇 가지 질문을 던져본다. "당신은 어떤 재주를 가지고 있는가?", "그리고 그 재주들을 어떻게 하면 최적의 조합으로 버무릴 수 있을까?", "무엇을 빼고, 무엇을 더해야 할까?"

참고로 나는 음악이 좋아서 밴드 활동을 했고, 심지어 작곡가가 되겠다며, 1년 동안 교육과정까지 수료했다. 그림을 그리는 게 좋아서 작가를 꿈꾼 적도 있다. 전시회도 무려 다섯 차례나 열었다. 외국어가 좋아서 통역을 하기도 했으며, 영상 만드는 게 좋아서 프로덕션 회사도 차렸었다. 그러다 보니 한때, '나는 도대체 뭐 하는 사람인가?' 하는 고민에 빠지기도 했다. 그러나 이 모든 경험과 재주를 하나의 분야에 초점을 맞춰 활용하자, 놀라운 성과가 일어났다. SNS 채널을 성장시켰고, 교육 사업을 키워냈고, 공간 사업까지 확장했다.

당신이 가진 많은 재주 중에서 군이 한 가지 선택할 필요는 없다. 이에 앞서 언급한 '열 가지 재주를 가진 사람이 저녁을 굶는다.'라는 속담은 이렇게 표현해야 맞다. "열 가지 재주를 가진 사람이 각각의 능력을 하나로 연결해 활용하지 못하면 저녁을 굶는다." 그래서 다재다능한 사람은 '선긋기'를 잘해야 한다. 경계를 지으라는 게 아니라, 재능 간의 연결점을 찾아 이어야 한다는 의미다. 그래야 비로소 성과를 낼 수 있다.

만약 당신이 나처럼 다재다능함에 불안감을 느낀 적이 있거나 느끼고 있다면, 이제는 그 틀을 깨고 나오길 바란다. 내가 경험해 보니, 10가지의 재주가 있는 사람은 저녁을 굶기는커녕, 10사람에게 저녁을 살 수 있게 되더라.

창조된 영향력
: 다이아몬드 스토리

세상에서 가장 귀한 보석은 무엇일까? 참고로 한국자원공사의 공식 블로그에는 세계에서 가장 희귀한 보석으로, '레드 다이아몬드', '레드 베릴', '머스크레이비트', '에레메이파이트' 등을 손꼽고 있다. 모두 캐럿당 수천~수만 달러를 호가한다. 그런데 개인적으로는 레드 다이아몬드를 제외하고는 처음 들어보는 이름이다.

여기에서 질문을 하나 해본다. "당신이 아내 혹은 여자 친구에게 반지를 선물하려고 하는데, 눈앞에 다이아몬드와 에레메이파이트로 만든 반지가 놓여 있다. 보석에 대해서 잘 모르는 일반인의 시선으로, 가격에 상관없이 제품을 고를 수 있다면, 당신은 어떤 반지를 선택할 것인가? 또 그 이유는 무엇인가?"

아마도 당신은 높은 확률로 다이아몬드를 선택하지 않을까 한다. 기념일 또는 프러포즈와 같은 특별한 이벤트를 준비해 사랑 고백을 하려는데, "당신을 위해 에레메이파이트 반지를 준비했어."라고 하기에는 어딘가 모르게 어색한 느낌일 테니까. 게다가 다이아몬드는 '영원한 사랑'이라는 수식어도 붙어있지 않은가.

사실, 다이아몬드는 '창조된 영향력'의 보기 좋은 사례다. 1947년에 세계적인 다이아몬드 기업 '드비어스'에서 이런 카피를 내놓았다. "다이아몬드는 영원하다." 놀랍게도 이때부터 사람들이 다이아몬드를 사랑을 상징하는 고급 보석으로 떠올리기 시작했다. 앞서도 말했듯이 다이아몬드는 가장 비싸지도 않으며, 그렇다고 유일무이한 보석도 아니다. 그런데도 제일 먼저 떠올리는 존재가 되었다. 다이아몬드를 사랑의 징표로 만들고자 했던 그들의 마케팅 전략이 성공했다고 볼 수 있다. 그렇다면 드비어스는 어떻게 다이아몬드의 영향력을 만들어낸 것일까?

영국 런던에 본사를 둔 드비어스는 현재도 다이아몬드 시장에서 막강한 영향력과 시장 점유율을 자랑하는 다국적 기업이다.

그 출발은 1888년, 영국의 사업가 세실 로즈가 남아프리카 공화국 킴벌리 일대의 다이아몬드 광산을 사들여, '드비어스 통합 광산회사'를 설립하면서부터다. 그 후, 제1차 세계 대전을 버티지 못하고 파산한 광산들을 매입하면서, 세계 다이아몬드 산업의 지배적인 기업으로 성장한다. 그 당시 드비어스가 원석 생산 및 유통의 90%를 점유하고 있었다고 하니, 결코 과장된 표현은 아니다. 그러나 1920년대 말에 들이닥친 세계 경제 대공황으로 인해 큰 위기를 맞은 드비어스는 회사의 안정과 새로운 시장 개척을 위해 미국 진출을 꾀한다. 그 과정에서 세기의 카피 "다이아몬드는 영원하다."를 만들어낸 마케팅 에이전시 N. W. Ayer & Son과 인연을 맺고, 성공적인 미국 진출을 위해 시장 조사를 진행한다. 이때 발견한 미국 시장의 특징은 아래와 같았다.

1. 다이아몬드는 부호들을 위한 사치품이다.
2. 미국인들은 자동차, 가전제품에 돈을 쓴다.

이를 바탕으로 드비어스와 N. W. Ayer & Son은 더 다양한 소비층이 다이아몬드를 구매하게 할 방안과 다이아몬드를 구매한 고객이 되팔지 못하게 할 방법을 고민하기 시작한다. 여기서 탄생한 전략이 바로 '다이아몬드를 사랑이라는 감정과 연결하기'였다. 다시 말해, 다이아몬드를 사치재가 아닌 사랑을 위한 필수재로 의미를 부여하여, 영향력을 키우는 데 집중한 것이다.

　　N. W. Ayer & Son은 크게 2개의 전략을 사용했다. 그 첫 번째가 '다이아몬드 = 영원의 약속 = 사랑의 증거'라는 프레임이다. 이를 위해 광고에서 다음과 같은 이미지를 연출했다. 고급스러운 느낌을 풍기는 남녀의 실루엣이 우아한 클래식 음악에 맞춰 춤을 추고, 낭만적인 해변의 저택에서 프러포즈를 한다. 남성은 여성에게 다이아몬드 반지를 건네고, 여성은 수락의 의미로 남성에게 키스한다. 뒤이어 나오는 문구는 "How can you make two months salary last forever?2달 치 월급이 영원히 지속되려면 어떻게 해야 할까요?" 마지막은 우리가 익히 알고 있는 캐치프레이즈 "A diamond is forever."로 장식된다.

　　이 광고를 통해 사람들 머릿속에는 어떤 인식이 생겼을까? 하나는 다이아몬드 반지를 건네는 것이 고급스러운 사랑의 표현이자 약속의 증거라는 점, 또 하나는 그 가격이 당시 평균 월급 2달 치에 해당한다는 사실이다. 그 정도 비용을 투자하면, 영원히 지속될 사랑의 징표를 남길 수 있음을 직·간접적으로 전달한 셈이다. 그리하여 이전까지는 주로 공업용 소재로만 수요를 충당하던 다이아몬드는 최고의 프러포즈 수단으로 거듭났다. 더불어 이 광고 문구는 그 성과를 인정받아, 1999년에 세기의 슬로건으로 뽑

히기도 했다.

두 번째는 '유명 인사의 결혼식 = 다이아몬드 반지 = 중요한 사람을 위한 보석'이라는 이미지로 '권위 만들기'였다. 이 전략에 따라 드비어스는 유명 인사가 참석하는 시상식이나 웨딩 의식을 통해 다이아몬드 반지를 드러냈다. 아름답고, 우아한 배우들의 손가락 위와 전 세계인의 이목이 쏠리는 저명인사의 결혼식에서 다이아몬드는 빠짐없이 등장해 반짝였다. 이처럼 적극적인 미디어 노출을 하게 되면서, 다이아몬드는 다시 한번 이상적 사랑의 완성을 위한 혼례품이라는 이미지는 물론, 유명 인사가 즐겨 찾는 고급 아이템이라는 인식을 훌륭하게 창조해 냈다.

나도 드비어스에서 활용한 전략을 내 비즈니스에 적용했다. 우선 스피치, 프레젠테이션 등 커뮤니케이션 스킬 교육을 시작하면서 다음과 같이 타깃 고객을 설정했다.

1. 회사를 운영하는 경영자
2. 변호사, 의사 등 전문직 종사자
3. 조직과 기관의 장 또는 책임자

그런 다음, N. W. Ayer & Son이 '다이아몬드 = 사랑의 징표'라는 프레임을 만들었듯이, '박성운 = CEO를 위한 커뮤니케이션 전문가'라는 브랜드 이미지 형성을 목표로, 콘텐츠를 기획·발행했다. 항상 수트 차림으로 영상에 등장했으며, 웹사이트의 디자인도 고급 호텔이나 럭셔리 브랜드를 참고해, 차분하면서도 정제된 이미지를 적용했다. 또한 SNS에 사진이나 글을 게시할 때, 속어나 줄임말 등을 사용하지 않고, 전문가다운 느낌을 풍기도록 세심하게 필터링했다. 가격 정책 역시 시장 평균가보다 높이 책정하되, 원스톱 패키지 프로그램을 제공하여, 고급 서비스라는 인식을 확실히 심어주었다.

시간이 지나 클라이언트가 늘어났을 때는 과감하게 공간에 투자하여, 마치 호텔 라운지 같은 사무실 겸 교육 장소를 만들었다. 이는 클라이언트 급증에 큰 몫을 했다. 2021년 2월에 사무실을 오픈하고, 같은 해 11월에 단독 강연장을 마련했으니, 상당히 일이 잘 풀린 셈이다. 가장 놀라운 점은, 나의 주요 클라이언트가 최초에 의도했던 대로 CEO나 전문직 종사자로 채워졌다는 부분이다. 그야말로 브랜딩 전략이 주효했다고 볼 수 있다.

클럽806을 운영할 때도 일반 개인이 아닌, 기업 고객을 유치하기 위해 공간의 컨셉은 물론, 로고, 홍보물, 사진, 영상, 웹사이트 등 각종 브랜딩 요소 하나하나를 철저하게 관리했다. 행사를 진행하더라도 브랜드 분위기에 어울리지 않으면, 온라인에 공개하지 않았다. 반면, 공간의 이미지를 높일 수 있는 이슈가 생기면, 반드시 사진이나 영상으로 담아서 SNS에 적극적으로 게시했다. 사진도 화질이 나쁘거나 공간이 예쁘게 나오지 않으면 폐기하고, 노출하지 않았다. 또한 동원할 수 있는 모든 인맥을 동원하여 인지도 있는 연사를 초빙해 정기 강연회를 열었다. 덕분에 많은 방문객이 공간을 찾았고, 입소문 효과를 얻었다. 이런 노력 덕분에 현재 클럽806은 내로라하는 글로벌 브랜드들의 교육 장소로 사랑받고 있다. 더 나아가 '806'이라는 브랜드 자체가 우아하고, 세련된 브랜드로 인식되어, 유능한 파트너들과의 협업도 이어졌다.

여기서 우리는 다시 한번 '뛰어난 품질이 성공을 보장하지는 않는다.'는 사실을 깊이 있게 짚어볼 필요가 있다. 다이아몬드가 오늘날 사람들의 인식 속에 대표적인 보석으로 자리 잡을 수 있었던 건 품질 때문만은 아니다. 과거만큼 절대적인 예물로서의 우위를 차지하고 있지는 않더라도, 여전히 다이아몬드가 혼례품으로 각광받는 데는 인간의 환상을 건드린 마케팅 전략이 뒷받침되었다고 해도 과언이 아니다. 따라서 개인이든, 기업이든, 원하는 시장에서 지속적인 영향력을 발휘하고 싶다면, 사람들의 인식 어딘가에 자리 잡을 수 있는 인플루언싱 전략을 실행해야만 한다.

당신은 상대방에게 어떤 환상을 심어, 감정적 가치를 만들어 낼 것인가? 《어린 왕자》를 쓴 생텍쥐페리가 남긴 명언을 공유하며, 이 글을 마친다. "배를 만들게 하려면, 나무와 도구를 손에 쥐여주며 배 만드는 법을 가르치려 하지 말고, 바다를 동경하게 만들어라."

6

거리를 두면
권위가 생긴다

나는 영화와 드라마를 매우 좋아한다. 특히 정치 스릴러와 첩보물을 즐겨 보는데, 권력자들의 치밀한 음모와 투쟁, 비밀 작전의 아슬아슬함과 스파이의 짜릿한 액션을 보고 있으면, 시간 가는 줄 모른다. 그런데 개인적으로 영화를 보면서 매우 유심히 살피는 요소가 하나 있다. 다름 아닌 '공간'이다. 그중에서도 권력자들의 공간이 화면에 비치면, 실내 구조와 가구 배치, 컬러 조합과 오브제들을 통해 인물의 성격이나 지위 등을 가늠해 보는데, 그 재미가 쏠쏠하다. 공간은 생각보다 많은 정보를 담고 있어서다.

이야기를 더 이어가 보자. 권력자들의 공간에는 여러 특징이 있다. 호화스러운 가구나 압도적인 규모와 같은 일차원적인 특징을 말하는 게 아니다. 권력자의 위상을 드높이고, 기대감과 경외감을 불러일으키는 독특한 구조와 인간의 심리를 반영한 정교한 설계를 이야기하는 것이다. 그렇다면 그들은 공간을 통해 어떻게 영향력을 키우고, 지위를 드러낼까? 그리고 여기서 얻은 인사이트를 우리의 삶과 비즈니스의 현장에서 어떻게 적용할 수 있을까? 이와 관련해 알수록 재미있는 궁중 인테리어의 비밀에 대해 파헤쳐 보려 한다.

첫 번째 비밀은 '물리적 거리'다. 궁중 인테리어의 기본은 권력자에게로의 접근성을 복잡하고, 어렵게 만드는 것이다. 긴 복도와 여러 개의 문, 넓은 광장 등 이 모두가 권력자와 일반인 사이의 물리적 거리를 늘리는 요소다. 설명을 곁들여 보자면, 긴 복도나 넓은 도로는 권력자를 만나기 위해 이동하는 방문객에게 긴장감과 경외감을 조성한다. 또 넓은 광장과 정원은 권력 중심부로의 접근을 시각적으로는 가능해 보이도록 연출하지만, 현실적으로는 닿기 어렵게 만들어 '보이지만 닿을 수 없는' 권력의 이미지를 강화하는 역할을 한다. 전형적인 예로 프랑스 베르사유궁의 정원을 들 수 있는데, 총길이 3km에 달하는 압도적인 규모는 절대왕권의 지위를 여과 없이 드러낸다. 현대에 들어서도 이런 의도가

정부 청사나 대기업의 본사 설계에 적용되는데, 넓은 로비와 여러 단계의 보안 검색대가 현대식으로 풀어낸 물리적 거리라고 할 수 있다.

두 번째 비밀은 '위계적 공간 구성'이다. 권력자의 공간을 중앙 또는 상부에 위치시키고, 이에 닿기까지 여러 관문을 거치도록 설정한 것이다. 중심으로 갈수록 접근성이 낮아지는 동심원적 구조는 권력의 집중을 시각화한다. 각 원에 진입할 수 있는 자격도 다르게 부여하여, 사회적인 계층을 공간으로 구현한다. 한편, 권력의 공간을 높은 곳에 배치하는 수직적 구조는 권력의 수직성을 은유적으로 방문자에게 인식시킨다. 그 높이가 높으면 높을수록 더 큰 위계를 느끼게 된다. 이 같은 구조의 좋은 예시가 미국의 백악관이다. 백악관은 총 6개의 층과 132개의 방으로 이뤄져 있다. 1층은 일반 관광객에게 개방된 곳이며, 2층에는 대통령의 가족이 거주한다. 그리고 우리가 익히 알고 있는 오벌 오피스Oval Office가 있는데, 이곳이 바로 최고 권력을 상징하는 공간이다. 과거 일본의 영주, 다이묘가 머물던 성城도 위계적 공간으로 구성되어 있다. 성의 중심부인 혼마루에 다이묘와 주요 행정 건물이 위치하고, 니노마루, 산노마루 등의 구역으로 나누어서 무사들과 주요 관리, 부속 건물을 배치했다.

세 번째 비밀은 '통제된 만남'이다. 사람들은 권력자의 일거수 일투족을 궁금해하지만, 정작 그 모습을 보기는 어렵다. 이렇게 직접적인 만남의 기회가 제한됨에 따라 정보가 부족하게 되면, 자연스럽게 신비감이 조성되기 마련이다. 이는 권력자에 대한 경외감을 높이는 동시에 그들의 이미지를 통제할 수 있게 해준다. 이 전략은 과거의 권력자뿐만 아니라 오늘날의 기업가, 종교인, 연예인, 아티스트 등에게도 동일하게 적용되고 있다. 실제로 바티칸의 교황, 티베트의 달라이 라마 같은 종교 지도자는 만남이 매우 제한적이며, 복잡한 절차를 거쳐야 만날 수 있다. 또한 그들은 거처와 복장에서도 특별한 지위를 시각적으로 드러낸다. 워런 버핏도 수십억 달러의 자산을 보유하고 있지만, 월가에서 떨어진 네브래스카주 오마하에 거주하며, 연례 주주총회와 가끔의 인터뷰를 통해서만 대중과 소통한다. 이런 행보는 그를 지혜롭고, 겸손한 투자자로 인식하게 만드는 효과를 불러일으킨다.

나는 이 가운데 '거리가 권위를 만들어낸다.'는 전략을 비즈니스에 적극 활용했다. 다수를 대상으로 하는 강의에서 개인 코칭 비즈니스로 전환할 때는 전화 응대에 적용했다. 여동생에게 핸드폰을 한 대 마련해 준 뒤, 약간의 수고비를 주면서 이렇게 부탁했다. "문의 전화가 오면 '대표님 일정이 바빠 당장은 예약이 불가합니다.'라고 응대해 줘."라고 말이다. 이로써 대표가 아닌 매니저가 먼저 소통하게 하여 1차 권위를 형성하고, 스케줄 관계상 예약이 어렵다는 만남의 제한을 통해 2차 권위를 형성했다. 그리고 이 전략이 효력을 발휘한 덕분에 코칭 비즈니스 초기에 순조롭게 클라이언트를 확보했다.

강연회나 네트워킹 이벤트를 열 때에는 행사 순서에 위계적 구성을 적용했다. 우선 강연회에서는 그날의 강연자를 공개하기에 앞서 몇 가지의 사전 행사를 배치했고, 아나운서가 영상, 사진 등을 곁들여 연사의 커리어를 충분히 소개하도록 했다. 네트워킹 이벤트에서는 클럽806의 창업 히스토리, 비전 등을 설명하는 시간을 반드시 앞부분에 배치했다. 이로 하여금 청중들은 그들이 만나게 될 연사에 대해 더 큰 기대감을 가졌고, 행사의 몰입도가 올라가는 걸 피부로 느낄 수 있었다.

이처럼 우리는 알게 모르게 정치, 비즈니스, 엔터테인먼트, 종교 등 삶의 곳곳에서 궁중 인테리어 전략을 경험하며 살아가고 있다. 유명 연예인들의 신비주의 전략도, 하이엔드 브랜드들의 희소성 마케팅도, 모두 거리 두기를 통한 가치 창출이다. 결론적으로, 거리가 권위를 만들어낸다는 영향력의 법칙은 인간 사회의 기본적인 심리적 메커니즘과 연결되어 있으며, 시대와 문화를 초월하여 지속적으로 작용한다. 따라서 이를 제대로 이해하여 적재

적소에 활용할 수 있다면, 개인의 이미지 관리는 물론, 조직이나 단체에서 추구하는 가치나 비전을 더욱 효과적으로 드러낼 수 있다고 믿는다.

권위와 공포

상대방은 더해진 권위와 낮아진 공포에
영향을 받는다

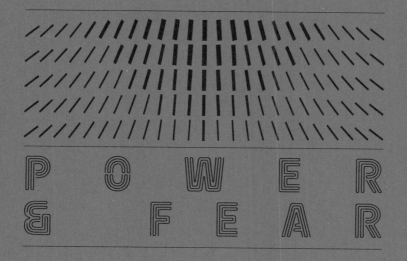

사람들은 가격이 높으면,
품질도 높다고 생각하는 경향이 있다.

· · ·

로버트 치알디니, 《설득의 심리학》 저자

가격의 고정관념을
산산조각 내라

대부분의 사업가가 곧이어 소개할 개념에 사로잡혀 고통받는 듯
하다. 그리고 그들은 문제의 원인을 모른 채, 늘 부족한 매출 때문
에 한숨을 쉰다. 그 단어는 무엇일까? 공개하기에 앞서 나의 사업
을 간단하게 소개한다.

나는 2019년부터 2023년까지 프레젠테이션, 세일즈, 강의,
리더십, 퍼스널브랜딩 등의 분야를 타깃으로 하는 교육 사업에
매진했다. 재미있는 사실은 이 기간 동안 고객 발굴을 위해 소개
를 받으러 다닌다거나, 인맥 형성을 위해 네트워킹 파티를 다니

지도 않았다는 것이다. 설령, 행사에 참석하더라도 영업을 목적으로 명함을 돌리는 일은 없었다. 세일즈 콜이 왔을 때는 내가 클라이언트를 인터뷰하여 선택했다. 심지어 그 고객들이 사회적·경제적으로 나보다 뛰어난 사람들이었는데도 말이다. 그런 그들이 먼저 연락해 내게 서비스를 요구하고, 교육비를 선뜻 지급했다. 덕분에 나는 직원을 채용하고, 사업을 확장했으며, 자택까지 마련했다. 이제는 더 큰 꿈을 꾸면서 나아가는 중이다.

여기서 묻는다. "매출은 높지만 수익은 형편없어서 고민 중인가?", "늘 새로운 고객을 찾아다니느라 불안에 떨고 있는가?", "고객은 많지만 그만큼 시간이 없어서 번아웃이 오기 일보 직전인가?", "늘 불평불만인 데다가 비협조적이기까지 한 고객으로 인해 괴로운가?" 그렇다면 당신의 비즈니스는 뭔가 상당히 잘못된 것이다. 코치·컨설턴트로 활동하던 지난 3년간, 이와 같은 문제를 거의 겪지 않은 1인으로서 확실히 이야기할 수 있다. 이 책을 선택해 준 대가로 그 비결을 공개한다.

이는 지금까지 어디에서도 제대로 밝힌 적이 없는, 나만의 수익 극대화 스킬인 '가격의 역설'과 관련한 이야기다. 이를 제대로 적용하려면, 우선 일반적인 사업가들이 믿고 있는 가격에 대한 통상적인 개념을 깨뜨려야 한다. 바로 '박리다매'다.

수많은 사업가가 박리다매라는 망상에 사로잡혀 있다. 이 때문에 항상 제값을 받지 못한 채로 상품과 서비스를 팔고 있다. 가격만 제대로 못 받는 게 아니라, 클라이언트의 퀄리티도 문제다. 이 사례를 단적으로 보여주는 유튜브 콘텐츠가 있는데, 〈유튜브 탐구생활: 돈이 되는 삶의 이야기〉 채널에 업로드된 '망한 모텔을 빛내서 산 38살 사장님' 편이다. 해당 영상에는 아래와 같은 인터뷰 내용이 나온다.

> "결국에는 한 손님당 받을 수 있는 객단가가 높은 게 핵심이에요. 저렴한 비용을 지불하는 손님들은 힘드니까요. 다시 말해, 객단가가 높으면 매너를 더 잘 지키려는 경향이 있어요. 문제를 일으키고, 공간을 엉망으로 쓰는 고객은 싹 사라졌고요. 금액이 올라가면 올라갈수록 그에 맞는 품위를 지키는 원리인 거죠. 당연히 모든 게 선순환으로 흘러요. 하지만 박리다매는 모든 게 악순환이에요. 누군가 사업을 한다고 하면, 박리다매만큼은 하지 않았으면 해요."

이 사업가는 경험을 통해 인간의 본성을 매우 정확하게 파악했다. 일반적으로 사람들은 가격이 낮으면 더 많은 사람이 제품과 서비스를 구매할 거라 믿지만, 실로 엄청난 착각이다. 오히려 가격이 낮을수록 사람들은 품질에 대해서 의심하고, 지갑 열기를 망설인다. 그뿐만 아니라 가격의 진입 장벽이 낮아서 '한번 사볼까?' 하는 단순 호기심을 가진, 구매력이 낮은 사람만 몰려든다.

솔직히 사업을 한 번이라도 해봤거나, 제품이나 서비스를 판매해 본 사람이라면, 부정할 수 없는 하나의 진리가 있다. "돈을 적게 낸 사람일수록 불평이 많다."는 게 그것이다. 예를 들어, 1박에 40만 원짜리 5성급 호텔과 3만 원짜리 싸구려 모텔 중 어디에서 난동이 일어날 확률이 높을까? 정답은 누구나 예측할 수 있듯 후자 쪽이다. 그러므로 높은 가격은 내가 원하는 고객만 찾아오게 하는 이정표이자, 문제를 일으킬 법한 이들을 걸러내는 거름망 역할을 한다고 봐도 무방하다. 이러한 사실을 잘 알고 있는 명품 브랜드에서는 애초에 공간의 크기에 비례해 고객을 받아들이고, 일정 인원이 넘으면 밖에 줄을 세워버린다. 이를 참고하여 사업 수익성을 극대화하고 싶다면, 박리다매라는 개념을 머릿속에서 지워버려라. 그 대신 다음에 설명해 둔 '후리소매'로 대체해라.

박리다매와 후리소매를 한자로 풀이하면 이렇다. '박리薄利', 이윤을 적게 남기고, '다매多賣', 많이 판다는 뜻이다. 반면에 후자는 '후리厚利', 이윤을 많이 남기고, '소매少賣', 적게 판다는 뜻이다. 이 이야기를 들은 한 사업가는 "저는 후리다매를 해야겠군요."라는 말을 했는데, 누구나 원하는 이상향이 아닐까 한다.

유대인들의 경전《탈무드》에도 다음과 같은 구절이 나온다. "박리다매는 자신의 목에 자물쇠이고, 후리소매야 말로 영원히 번성하는 방법이다." 이 문장에서 알 수 있듯, 후리소매는 수익을 극대화해 주는데, 거의 모든 사업에 적용할 수 있다. 또 그 형태는 명품 브랜드, 고가의 리조트 회원권, VIP 에스테틱 서비스, 고급 레스토랑, 결혼 정보회사 등과 같이 '프리미엄 시장'에서 발현되고 있다.

나는 이런 후리소매 전략을 2018년 지식 창업을 시작한 이래, 지금까지 고수해 오고 있다. 줄곧 언급했듯이 내가 운영한 교육 서비스는 커뮤니케이션 스킬이었다. 그 당시 동종 업계 스피치 코치가 수강생 1명당 2~30만 원을 받았는데, 나는 500만 원짜리 코스를 팔았다. 남들이 20만 원짜리 상품을 50개 팔아서 1,000만 원을 벌 때, 나는 500만 원짜리 상품 단 2개를 팔아 월 1,000만 원을 만들었다. 이 밖에도 투자 회사 대표, 프랜차이즈 오너, 대형 뷰티숍 창업가, 경영 수업 중인 예비 CEO, 의사, 변호사, 세일즈맨 등을 대상으로 서비스를 제공한 덕분에 수익성은 물론, 다양한 사업 기회와 고급 인적 네트워크까지 얻게 되었다. 돈을 벌면서 자연스레 인맥까지 넓힌 셈이다. 2022년에 창업한 클럽806도 프리미엄 전략의 연장선에 있다. 공간을 호텔급으로 고급스럽게 기획함으로써 일반 강의장에 비해 상대적으로 고가에 대관을 하고 있다. 클라이언트도 개인이 아닌 기업이나 기관, 단체 등으로 거래가 깔끔하고, 결제도 신속하다.

이제 당신도 당신의 비즈니스에 후리소매 전략을 적용해야 한다. 상위 20%의 고객을 위한 프리미엄 서비스를 만들고, 고가 상품을 기획해야 한다. 고객이 무조건 저렴한 것만 찾는다는 고정관념만 산산조각 낸다면, 적은 고객으로 더 많은 수익 내기는 누구나 해낼 수 있다. 그럼에도 '비싸면 더 안 살 텐데…….', '경제가 어려워서 지갑을 쉽게 안 열 텐데…….'와 같은 의구심이 든다면, 주변에 일어나는 현상 몇 가지만 살펴봐라.

당신은 뉴스나 신문 기사를 통해 사회적 문제로 떠오르는 '카푸어' 관련 소식을 접한 적이 있을 것이다. 카푸어란, 경제적인 능력이 없음에도 무리해서 고급 외제차를 구매하고, 가난한 생활을 하는 사람들을 일컫는 표현이다. 이는 '비싸서 안 팔린다.'는 당신의 착각을 충분히 뒤엎고도 남으며, 사람들의 구매 기준이 '가격'만은 아니란 걸 알 수 있다. 실제로 구매를 결정하게 하는 데는 '존경', '특권', '편의', '만족' 등과 같은 심리적·감정적인 요인이 크게 작용한다. 즉, 사람들은 '비싸서' 구매하지 않는 게 아니라 지출을 감행할 '심리적 근거'가 없는 것이다.

진정으로 원하게 만든다면, 돈이 없어서 구매를 포기하는 게 아니라, 돈을 모으거나 빚을 내서라도 구매하는 게 사람이다. 모든 프리미엄 시장은 이런 인간의 본성과 시장 전략을 완전히 이해하고 있다.

나는 당신이 진심으로 후리소매를 하길 바란다. 이미 고객이 있다면, 당장이라도 수익을 몇 배 이상 키워낼 수 있다. 고객이 있다는 건 당신의 상품 또는 서비스가 팔릴만한 가치가 있다는 증거이며, 신뢰가 형성되어 있다는 뜻이다. 그들에게 기존에 제공하던 것 이상의 가치를 제공하는 상품과 서비스를 새롭게 기획해 보라. 매출이 급상승하리라 확신한다. 만약 고객이 아직 없는 상황이라면, 저가 시장이 아닌 고가 시장을 타깃으로 사업을 기획해 보라. 세상에는 제대로 된 상품과 서비스만 있다면, 돈을 낼 준비가 되어 있는 사람이 얼마든지 있다.

상상해 보라. 더 적은 고객으로 더 많은 수익을 내는 당신의 비즈니스를! 적은 돈을 내고, 불평하는 고객이 아니라, 더 많은 돈을 내면서 매너까지 갖추고, 열성적으로 서비스를 받는 고객의 모습을! 시간적·경제적인 여유는 물론이고 '제대로 된 일을 하고 있다.'는 보람까지 느껴, 삶의 질이 완전히 달라질 테다.

권위와 공포

다시 강조한다. 치열한 가격 경쟁에서 '더 싸게'만을 외치다가는 과다 출혈로 사업이 망해버리기 십상이다. 10만 원짜리 100개를 팔지 말고, 100만 원짜리 10개를 팔 생각을 해보라. 1,000만 원짜리 하나만 팔아도 좋다. 어차피 판매에 들어가는 노력은 똑같으니까. 더 싸게 팔 고민을 하지 말고, 더 비싸게 팔 고민을 해라. 최대의 가치를 제공하고, 그에 상응하는 대가를 요구해라.

경계심을 낮추고
빠르게 친해지는 법

현재 운영 중인 복합문화공간 클럽806 서울에서는 2022년부터 2023년까지 매주 목요일마다 정기 강연회를 개최했다. 수십만 구독자를 보유한 유명 인플루언서부터 베스트셀러 작가, 성공한 투자자, 사업가 등 본인의 분야에서 성과를 낸 이들이 무대에 올랐다. 그러다 보니 자연스레 나는 매주 새로운 연사와 마주해야 하는 상황에 놓였다.

한편, 연사는 8층 접견실에서 대기를 해야 하는데, 이때 나는 그들이 무대에 오르기 전까지 담소를 나누고, 행사장으로 에스코

트하는 역할을 맡았다. 그 시간이 자그마치 30분이다. 당연히 처음 서로를 마주하고 앉으면 어색함이 흐른다. 낯선 환경과 사람, 강연회를 앞둔 긴장감 등으로 대기실의 공기는 무겁기 마련이다. 그러나 이때야말로 커뮤니케이션 전문가로서의 진면모를 발휘할 순간이다. 호스트로서 나는 연사가 5~8분 이내에 대화에 빠져들도록 유도한다. 웃음을 지을 수 있도록 대화를 리드하고, 강연을 멋지게 해낼 수 있도록 용기를 북돋운다. 무엇보다 대화 나누기에 편한 상황을 만든다.

이런 내게 어느 날 한 직원이 다음과 같은 질문을 했다. "대표님은 처음 보는 사람과 어떻게 그렇게 빨리 친해져요?" 매주 새로운 강연자와 빠르게 관계를 형성하고, 코칭 고객들과도 쉽게 가까워지는 모습을 보며, 궁금했던 모양이었다. 그날 그에게 알려준 비법 몇 가지를 풀어본다.

첫 번째는, '두 팔 벌려 환영하기'다. 상대를 처음 만날 때, 두 팔을 벌려 가슴 전면부를 공개한 채로 인사하는 것이다. 이 제스처는 크게 2가지 메시지를 전하는데, 하나는 '나는 당신에게 숨기는 것이 없습니다.', 나머지 하나는 '나는 당신에게 적대감이 없습니다.'를 의미한다. 인간의 신체 장기 중 가장 중요한 부위인 심장을 가리지 않고 공개한다는 건 그만큼의 개방감을 의미한다. 미소를 지으며 두 팔을 크게 벌리는 것, 혹은 적극적으로 손을 내밀어 악수를 청하는 것 모두 큰 제스처로서 호의적이며, 활발한 이미지를 남기는 효과를 낸다. 첫 만남에서 이러한 환영의 느낌을 준다면, 관계 형성을 위한 좋은 시작을 만들 수 있다. 이때 상대방의 이름까지 기억하여 부른다면, 더할 나위 없이 완벽한 맞이 인사가 된다.

두 번째는, '자기 노출'과 '공통점 찾기'다. 인간의 공포는 어디에서 출발할까? 바로 '모른다는 사실'에서 비롯한다. 당연히 처음 만나는 사람이 어색하고, 대하기 어려운 이유도 '상대에 대해서 모르기 때문'이다. 그러나 여러 번 봐서 서로 얼굴을 알고 있거나, 혹은 상대에 대한 정보를 많이 가지고 있다면 낯설음이 줄어 더욱 편하게 관계를 형성할 수 있다. 이 점을 반영하여, 나는 처음 만나는 사람에게 나의 정보를 먼저 제공한다. 최근에 어떤 일이 있었고, 어떤 마음으로 시간을 보내고 있는지 공유한다. 조금 더 빠르게 상대의 마음을 오픈하고 싶을 때는, 나의 단점이나 최근의 고민에 대해서 언급하기도 한다. 나의 약점을 먼저 드러냄으로써 상대방의 경계심을 낮추는 것이다.

실제로 콜린스와 밀러의 '자기 노출과 호감도에 관한 메타분석 연구'에 따르면, 우리는 우리에게 자기 노출을 하는 사람들을 더 좋아하게 된다고 한다. 특히 더 깊고, 관련성 있는 자기 노출이 표면적인 자기 노출보다 호감도 형성에 더 효과적이라고 언급했다. 이러한 자기 노출을 통해 상대방도 자연스럽게 본인의 이야기를 꺼내게 되는데, 나는 한 단계 더 나아가 공통점을 찾고자 노력한다. 상대와 나의 공통적인 관심사, 배경, 취미, 일상 등을 공유하면, 서로를 '자신의 편'으로 인식하게 되어 호의적으로 대한다는 걸 인지하고 있어서다.

마지막으로는 '미러링 테크닉Mirroring Effect'이다. 인간의 뇌에는 '거울 신경'이라는 뇌 세포가 있다. 이는 1996년 이탈리아의 신경생리학자 리촐라티에 의해 발견된 세포다. 타인의 행동을 관찰할 때 활성화되는 뇌세포로 알려져 있으며, 말 그대로 마치 거울처럼 다른 사람의 행동을 반영하는 특성이 있다. 또 차트란드와 바그가 연구한 '카멜레온 효과Chameleon Effect'는 무의식적인 미러링이 상호 간의 호감도를 높인다는 결과를 보여주었다. 요약하자면, 무의식적으로 상대방의 행동을 모방했을 때 상대방을 더 좋아하게 되며, 부드러운 상호작용이 일어난다는 것이다.

그렇다면 이 전략을 어떻게 처음 만나는 사람과의 관계 형성에 적용할 수 있을까? 매우 간단하다. 그들이 사용하는 단어와 행동을 오묘하게 따라 하기만 하면 된다. 다음과 같이 말이다.

A	아니, 어제 카페에 갔는데 옆 테이블에 앉은 사람들이 너무 시끄럽게 떠드는 거예요.
B	옆 테이블 사람들이요? 그래서 어떻게 했는데요?
A	제가 참다가 못해서 직접 한마디 했잖아요.
B	정말요? 직접 한마디 했다고요?
A	네, 제가 가서 "여기서 이렇게 떠들면 안 됩니다."라고 했더니, 그래도 양심은 있는지 "죄송합니다."라고 하더라고요.
B	와, 그래도 양심은 있었나 보네요!
A	그러니까요. 싸움으로 안 번져서 정말 다행이지요. 저도 솔직히 좀 무섭긴 했어요.
B	맞아요. 싸움이라도 일어나면 큰일이니까요. 그래도 참 다행이네요.

이 대화에서 B는 A가 하는 말의 한두 마디 정도를 의식적으로 사용한다. A가 언급한 내용의 단어를 그대로 사용하여 공감을 나타내며, 다음 질문을 유도하여 대화를 지속해 나간다. 이 과정을 통해서 A는 B가 자신의 이야기를 경청하고 있을 뿐만 아니라 이해까지 하고 있음을 무의식적으로 느끼게 된다. 이때 상대방이 취하고 있는 자세까지 일부 따라 하면, 효과는 상승한다. 상대가 몸을 앞으로 기울이면 나도 앞으로 기울이고, 미소를 지을 때 나도 따스한 미소를 지어 보이는 것이다. 다만, 너무 앵무새처럼 똑같은 표현을 반복한다거나 자세를 흉내 내면, 장난처럼 느껴질

수 있으니 주의해야 한다. 어디까지나 핵심은 상대가 알아차리지 못하도록 미묘하게 무의식적인 신호를 보내서 호감을 유발하는 데 있다. 섬세하고, 자연스러운 미러링이 주요 포인트다.

이 전략은 네트워킹 행사를 주최하고, 새로운 사람들을 인터뷰하는 나에게 있어 일상과도 같은 인간관계 스킬이다. 매우 쉽고, 바로 실천할 수 있을 만큼 간단하지만, 쉽게 놓치게 되는 커뮤니케이션 전략이기도 하다. 만일 처음 만나는 사람과의 어색함을 빠르고, 쉽게 이겨낼 방법에 대한 고민을 하고 있다면, 내가 제안한 방법을 꼭 사용해 보기를 바란다. 일상에서든, 비즈니스 현장에서든, 반드시 통할 것이다.

설득이란
'이것'의 이동이다

한 렌터카 서비스 기업에 세일즈를 주제로 출강을 간 적이 있다. 강의를 시작하기에 앞서 교육 담당자에게 직원들을 대상으로 사전 설문을 하나 부탁했다. "영업이란 무엇이라고 생각하나요?"라는 간단한 질문이었다. 다음은 실제로 직원들이 질문에 답한 내용들이다.

- 인생 모든 일에 있어서 세일즈는 필수다.
- 세일즈란 인생이다.
- 일과 돈 모든 부분에 만족할 수 있는 것

- 잘하고 싶고, 잘해야 하는 것
- 필요한 사람에게 도움을 주고, 대가를 얻는 것
- 고객과 나에게 즐거움을 주는 일
- 내 삶을 한걸음 올라설 수 있게 하는 작업
- 일 자체가 힘들진 않지만, 잘 해내기 힘든 것
- 자신감 회복의 기회

당신이 하는 정의도 이와 별반 다르지 않으리라 본다. 하지만 지금부터는 영업에 관한 전혀 다른 이야기를 듣게 될 것이다. 그리고 이는 당신의 사고방식을 완전히 뒤바꿔 놓을 테다. 영업의 관점이 이 책을 읽기 전과 후로 나뉜다고 해도 과언이 아닐 만큼. 자, 내가 내린 영업의 정의는 이것이다. "영업이란, 감정의 이동이다."

이 부분을 이해하면, 앞으로 당신은 세일즈를 함에 있어서 '물건을 판다.', '계약을 성사시킨다.'와 같은 일차원적인 관점으로 접근하지 않을 것이다. 대신, 고객의 감정을 살피며, 세심하게 다가가리라 예상한다. 당신이 고객의 감정을 이동시킬 수만 있다면, 고객의 돈은 이미 당신 계좌에 들어와 있다고 봐도 무방하다. 그럼, 감정이 이동한다는 건 어떤 의미일까? 먼저 다음의 그림을 살펴보자.

불확실성 (Uncertainty)	→	확실성 (certainty)
애매함 의심과 불안		분명함 안심과 확신

감정의 이동은 한마디로, 고객의 '불확실한 감정'을 '확실한 감정'으로 바꾸는 일이다. 여기서 불확실성은 애매함, 의심, 불안, 공포, 거부, 알 수 없음 등으로, 확실성은 분명함, 확신, 안심, 평화, 포용, 알고 있음 등의 감정으로 대변할 수 있다.

대부분의 인간은 불확실성을 싫어한다. 우리의 뇌가 본능적으로 신체를 안전하게 보호하려 하므로, 잘 알지 못하는 것, 믿기 어려운 것을 위험으로 받아들인다. 이로 인해 불확실성은 거절과 회피의 대상이 되는 것이다. 바꿔 말하면, 상대방에게 확신을 심어줄 때 비로소 당신이 원하는 바를 얻을 수 있다는 뜻이 된다.

이 원리는 영업 현장뿐 아니라 어린이집에 가기 싫어하는 아이를 설득할 때도, 연애를 망설이는 이성에게 어필할 때도, 투자를 고민하는 투자자의 마음을 움직여야 할 때에도 똑같이 통한다. "그들이 두려워하는 부분이 무엇인가?", "불안한 요소가 무엇인가?", "어떤 의심을 품고 있는가?" 이런 질문을 통한 진단으로 마음에 자리 잡은 불확실성을 제거해야 한다. 그렇게 생긴 빈자리에 확신만 심어주면 된다.

이와 관련해 인터넷에서 재미있는 실험 영상을 본 적이 있다. 훤칠한 키에 말쑥한 외모의 남자가 흰 가운을 입고, 길에서 주운 돌을 파는 설정이었다. 남자는 길 위에 떨어진 돌을 잘 닦은 후, 예쁜 포장용 주머니에 담아서 '치유의 돌'이라며 판매했다. 이 남자는 돌 판매에 성공했을까? 놀랍게도 그 돌을 구매하는 사람들이 있었다. 이 말도 안 되는 일이 가능했던 원인은 무엇이었을까? 바로 몇 가지 트릭을 활용해 감정을 이동시킨 덕분이다. 일단 그가 하얀 가운을 입고 있는 모습이 의사 혹은 연구원이라는 느낌을 주어, 사람들의 불안을 잠재웠을 테다. 복장을 통해 해당 남성이 치유의 돌을 판매할 만한 사람이라고 판단했을 가능성이 높다. 돌을 판매하는 방식도 한몫했다고 본다. 그는 돌을 예쁘게 가판대에 진열했을 뿐만 아니라, 패키지에 담아서 고급스럽게 보이도록 했다. 이 모든 요소가 복합적으로 작용하여, 불안과 의구심을 확신과 안도감으로 이동하게 했음이 분명하다. 실제로 일어난 세일즈가 이를 증명한다.

그럼, 나는 실제 비즈니스 현장에서 어떻게 상대의 불확실한 감정을 확신으로 이동시킬까? Rule 3에서 다룬 '퍼즐 전략'과

Rule 4에서 언급한 '지각된 능력'을 적극적으로 활용한다. 먼저 나와 회사에 대한 정보를 다양한 채널에 풍성하게 공개함으로써 '정보 부족으로 인한 불안감'을 최소화한다. 커뮤니케이션 스킬의 지식에 관해서는 유튜브에 공유해 둔 수십 편의 영상이, 공간 대관에 대해서는 블로그에 포스팅된 수십 개의 사례가 증거가 되어 의구심을 없앤다.

다음으로는 타깃 클라이언트에게 신뢰를 줄 수 있는 외적 요소 이를테면, 복장과 공간의 인테리어를 전략적으로 세팅하여, 믿음직스러운 이미지를 노출한다. 코칭을 할 때에는 단정하고, 차분한 수트 차림으로 전문가로서의 모습을 어필한다. 공간 사업의 경우 세련되게 구성한 홈페이지와 친절한 유선 안내 등으로 안정감을 제공한다. 이렇게 세팅이 된 상태에서 고객을 만나면, 훨씬 빠르고 쉽게 계약을 끌어내게 된다.

변호사가 법정에 설 때 수트를 차려입고, 재판장이 앉는 법대가 다른 좌석보다 높은 이유는 뭘까? 또 교황이 예식을 진행할 때 높은 모자를 쓰고, 고급 시계를 꺼내올 때 벨벳 플레이트에 가져오는 이유는? 다름 아닌 권위를 형성하기 위함이다. 그리고 이렇게 형성된 권위는 그들의 말과 행동에 힘을 실어주고, 대중이 믿을만한 것으로 만든다. 전문성을 갖추고, 믿을 만한 정보를 제공하는 사람으로 인식되지 않으면, 불안한 감정을 사라지게 할 수 없으니까.

당신이 입고 있는 옷, 사용하는 단어, 취하는 제스처, 고객에게 내미는 각종 문서 등 모든 것이 당신의 전문성을 대변하는 도구가 되어야 한다. 지식만 갖춰서도 안 되고, 겉모양만 번지르르해서도 안 된다. 안팎으로 전문가의 면모를 풍겨야 한다. 그래야만 상대의 불확실한 감정을 확신으로 바꾸는 든든한 무기를 갖출 수 있다. 당신은 스스로 권위를 만들어내고, 상대방의 공포를 제거할 수 있는가? 만약 여기에 대한 답이 "YES."라면 당신은 모든 인간관계에서 상당한 우위를 점하고, 원하는 결과를 얻어낼 수 있을 것이다.

4

서러운 '을'에서
당당한 '갑'이 되는 지름길

이 세상 그 무엇도 홀로 존재하지 않는다. 위가 있으면 아래가 있고, 왼쪽이 있으면 오른쪽이 있다. 아빠가 있으면 엄마가 있고, 스승이 있으면 반드시 제자가 있다. 마찬가지의 원리로 '갑'이 있으면 '을'이 있기 마련이다. 따라서 한 명 이상의 사람이 모이면, 그 사이에는 반드시 주도자와 종속자가 생기며, 힘의 역학 관계가 형성된다.

갑과 을 사이에서는 십중팔구 갑에 위치한 사람이 상황을 유리하게 주도하며, 더 큰 성취를 얻는다. 반면, 을은 그러한 갑의

장단에 맞춰 움직여야 한다. 그게 세상의 이치다. 이에 따라 자연스럽게 갑은 당당한 리더로 살아가고, 갑의 기세에 눌리는 을에게는 서러움과 쓸쓸함이 떠나지 않는다.

여기까지 읽고 혹여나 자신이 을이라는 생각에 속상해할 수도 있겠다. 아니면 그 사실조차 깨닫지 못하고 있을 수도 있다. 여기서 오해는 금물이다. 단순히 당신이 갑인지 혹은 을인지를 따지려고 이 말을 꺼낸 게 아니니까. 그보다 갑과 을의 사고방식과 행동 패턴이 일부 타고나기는 해도, 후천적인 노력으로 습득할수 있음을 알려주고자 함이다. 이 내용을 본인의 것으로 만들려면, 우선 갑과 을의 차이점부터 파악해야 한다.

두 존재의 가장 두드러지는 차이점은 '기회를 바라보는 시각'이다. 먼저 갑은 기회를 '무한'한 것으로 인식하지만, 을은 그렇지 않다. '유한'한 것으로 바라본다. 그래서 갑은 언제나 담대하고 여유롭지만, 을은 늘 불안하고 서두르는 경향을 보인다. 이런 사고방식은 삶에서 어떻게 나타날까?

비즈니스 환경에 적용해 보면, 고객을 대하는 태도에서부터 완전히 다른 양상을 보인다. 먼저 을부터 살펴보자. 그들에게 기회는 한정적인 요소이기 때문에 절대 놓쳐서는 안 되는 대상이다. 그렇다 보니 매사에 거절을 두려워하며, 상대의 요구를 들어주기에 급급하다. 혹여나 상대의 기분이 상하면 본인을 떠나지는 않을까 걱정하면서 비위를 맞추고, 구태여 자신을 깎아내리는 일도 서슴지 않는다. 이러한 모습은 악순환으로 이어지며, 벗어나기 힘든 을의 굴레를 형성한다.

반대로 갑은 기회를 무한하게 존재하는 것으로 인식한다. 이번 기회가 사라진다고 해도 크게 개의치 않는다. 기회는 주어지는 게 아니라 만들어내는 것이라는 사고방식 덕분이다. 그래서 그들은 물이 들어올 때 노를 젓지 않는다. 잔잔한 호수에 물길을 스스로 일으켜 앞으로 나아간다. 덕분에 그들은 늘 당당한 모습으로 비친다. 상대에게 자신을 거절하면 손해를 볼 수도 있다는 말을 하기도 하며, 고객의 요구 사항을 뒤집어 역으로 제안하기도 한다. 재미있는 건 이러한 점이 상대방에게 오히려 매력적으로 보인다는 사실이다. 누구든지 업무를 의뢰할 때는 자신감 있는 전문가에게 의뢰하고 싶기에, 때로는 이들과 함께하지 못할까 봐 안달하는 고객도 생긴다.

연애에서도 별반 다르지 않다. 을의 마인드를 가지고 있으면, 항상 손해 보고 상처받는 연애를 하게 된다. 당장 해야 하는 일이 있음에도 상대가 부르면 쏜살같이 달려 나가고, 경제적인 형편이

받쳐주지 않는데도 상대가 원하면 기꺼이 돈을 낸다. 이유는 그렇게 하지 않으면 하나뿐인 상대가 자신을 버릴까 봐, 그가 떠나면 새로운 사람을 만나지 못할까 봐 두렵기 때문이다.

그러나 갑의 마인드를 가진 사람은 다르다. 철저히 본인의 타임라인에 맞춰 행동한다. 꼭 해야 할 일이 있다면, 양해를 구하고 완수한다. 형편이 맞지 않는다면, 아직은 그렇게 해줄 수 없다고 솔직하게 말한 뒤, 다른 대안을 제시한다. 게다가 자신의 상황을 정확히 파악하고 있어서 무엇이 부족한지 알고, 상대의 피드백을 수용한다. 또 발전의 기회를 놓치지 않고, 한 단계 더 나아간다. 이러한 유형의 사람 주변에는 늘 좋은 사람이 자석처럼 끌려온다.

명심해라. 삶을 구성하고, 운영하는 주체는 나 자신이다. 적어도 그런 사고방식을 가지고 있어야 주도적으로 행동할 수 있다. 스스로 개척하지 못하고, 늘 주어진 환경에만 맞춰 살아가는 사람은 결국 성장의 한계에 맞닥뜨리게 된다. 주변에 긍정적인 영향을 미치는 모든 사람은 각자의 확실한 철학과 비전을 중심으로 살아간다. 그러하기에 뜻을 함께하는 동료를 끌어모을 수 있고, 상황에 따라 필요한 기회도 만들어낼 수 있는 것이다.

여기까지 읽었다면, 스스로를 점검해 봐라. 당신은 기회를 유한하게 보는가? 아니면 무한하게 보는가? 당신은 상황을 통제하는가? 아니면 통제당하는가? 여태껏 후자였더라도 괜찮다. 관점만 바꾸더라도 빠르게 바뀌니까. 그리고 그 실천이 당신을 서러운 을에서 당당한 갑으로 서게 하는 분명한 지름길이 되어 줄 테다.

권위는 더하고,
공포는 제거하라

유튜브 채널을 운영하는 남편의 영향인지, 아내도 유튜브 전선에 뛰어들었다. 이에 영상 편집부터 섬네일 제작, 콘텐츠 기획까지 내가 아는 모든 노하우를 전수해 주었고, 아내는 제법 빠르게 적응해 나갔다. 그러던 중 아내가 업로드한 영상 하나가 20만 회에 가까운 조회 수를 기록하면서 채널도 크게 성장했다.

유튜브가 잘되다 보니, 자연스럽게 광고가 들어오기 시작했다. 먹방 크리에이터는 아니지만 먹는 장면이 자주 나와서인지 음식 광고가 특히 많았다. 그리고 처음에는 제품 협찬만 들어오던 것이 광고비까지 받기에 이르렀다. 이런 상황이 되면 대다수의 유튜버는 이런 고민을 하기 시작한다. '얼마를 달라고 해야 하지?'

　이유는 하나다. 금액을 높게 책정하면 광고가 취소될 것 같고, 적게 부르면 왠지 손해 볼 듯해서다. 업체에서 가이드라도 제시해 주면 결정이 한결 쉬울 텐데, 그렇지 않은 경우가 대부분이다. 아내가 처음 제안을 받은 광고도 마찬가지였다. 다행히도 내가 선배 유튜버로서 관련 경험이 풍부했기에 가격 설정에 별다른 고민을 하지 않을 수 있었다. 그렇게 초안을 잡아주자 아내는 한동안 모든 광고를 직접 응대했고, 이후 나는 별다른 관여를 하지 않았다.

　그로부터 시간이 제법 흐른 어느 날, 아내가 불쑥 내게 이런 질문을 했다. "광고비를 좀 올려도 되지 않을까?" 알고 보니, 채널 구독자 수와 조회 수가 처음 광고를 받을 때와는 비교도 되지 않을 만큼 늘었는데도, 여전히 비슷한 금액을 청구하고 있었다. 광고주들이 땡잡았다고 생각했을 만큼! 사태를 파악한 나는 다음 4가지 정보를 아내에게 요청했고, 곧장 광고주에게 보낼 이메일을 작성했다.

　　1. 이전 광고 영상의 댓글 반응
　　2. 광고주로부터 받은 감사 메일 또는 성과 답변

3. 평균 조회 수 및 시청 지속 시간 등의 데이터

4. 주요 시청 연령층과 성별

메일에 가장 먼저 과거에 진행한 광고 영상에 달린 "영상 보고 구매했어요.", "덕분에 잘 샀습니다." 등과 같은 댓글 반응을 첨부해, 구독자들의 참여도를 보여주는 사회적 증거로 활용했다. 다음으로 이전 광고주에게 받은 판매량 보고서와 메시지 내용을 전달했는데, 광고 게시 성과에 대한 신뢰도를 높이기 위함이었다. 더불어 채널 운영자만 볼 수 있는 채널의 각종 수치를 함께 제공함으로써 광고 기획자가 홍보하고 싶은 제품이 크리에이터와 어울리는지 판단할 수 있도록 했다.

광고주가 작업을 의뢰하는 궁극적인 목표는 무엇일까? 제품이 판매되어 수익을 내는 데 있다. 그렇다면 광고비를 지불하기에 앞서 어떤 부분을 가장 염려할까? 광고 효율이 나지 않아 돈을 낭비하게 되는 상황이다. 반면, 광고비가 아무리 비싸더라도 그 이상의 값어치를 해낸다는 확신만 있다면, 광고주는 주저 없이 광고를 집행하게 되어 있다. 나는 광고주가 마음속에 가지고 있을 공포를 제거하고, 채널의 권위를 증명하기 위한 자료를 작성한 것이다.

결과적으로 아내는 그 이후로 기존보다 2배 더 높은 광고비를 단번에 벌어들였다. 모두 상대의 불안과 공포를 제거하고, 채널의 신뢰도와 권위를 시각적으로 보여줌으로써 얻은 성과였다. 알지 못하는 것 즉, 무지는 공포로 연결된다. 어둠이 두려운 것은 그 안에 무엇이 있을지 예측할 수 없기 때문이다. 소비자들이 낯선 제품을 쉽게 구매하지 못하는 이유도 부족한 정보가 큰 원인으로 차지한다. 그러므로 상대방의 행동을 끌어내려면, 공포부터 제거해야 한다. 이러한 인간의 기본적인 속성을 모른 채 막무가내로 설득만 하다가는, 공포심을 더 자극하는 꼴이 되고 만다.

이해를 돕기 위해 권위를 더하고, 공포를 제거하여, 비즈니스를 성장시킨 또 다른 전략을 소개한다. 여기서 잠깐 다음과 같은 가정을 해보자. 당신은 요즘 연한 눈썹 때문에 고민이다. 그래서 눈썹 문신 전문숍을 찾고 있다.

이런 상황이라면 가장 먼저 무엇을 할까? 바로 검색이다. 포털 사이트든, SNS든, 관련 키워드로 업체를 찾고, 사례 확인을 할 것이다. 그리고 이와 같은 항목도 찾아볼 것이다. 눈썹 문신의 과정, 눈썹 문신에 사용하는 소재, 눈썹 문신할 때 주의할 점, 눈썹 문신의 잘못된 사례, 눈썹 문신 시 통증 정도 등. 이 과정을 통해 당신은 눈썹 문신에 대한 학습을 하면서 상당한 정보를 얻게 된다. 이는 소비자가 공포 제거를 위해 하는 가장 첫 번째 행위다.

다음 단계에서는 검증 작업을 거친다. 시술자 이력, 시술 사례, 시술한 고객의 결과물, 고객들의 평가, 사후 관리 서비스 등을 알아본다. 이로써 판매자의 권위를 확인한다. 그렇다. 기본 지식을 습득하여 공포를 제거했다면, 소비자는 자연스레 해당 분야의 권위자를 찾는다. 피해를 최소화하기 위해 신뢰할 수 있는 대상을 물색하는 것이다.

이와 같은 소비자가 거치는 일련의 단계를 생산자가 파악하고, 각 상황에 맞는 정보를 제공한다면, 훌륭한 마케팅 전략이 될 것이다. 아니, 그렇게 될 수밖에 없다.

나도 스피치 교육을 할 때나, 클럽806 대관 사업을 할 때나, 위의 전략을 활용했다. 전자의 경우, 클라이언트가 떠올릴 모든 질문을 키워드로 삼아 유튜브 콘텐츠로 발행했고, 후자의 경우에는 광화문과 종로 일대에서 대관을 원하는 예비 고객의 니즈를 파악해 키워드화 하여 블로그 포스팅을 이어 나갔다. 더불어 글로벌 기업에서도 이용하고 있음을 사진과 영상 자료로 어필했고, 공간을 직접 볼 수 있도록 사전 답사 서비스를 제공했다. 또 직접 오지 못하는 사람들을 위해 내부를 자세히 촬영하여 웹사이트에 공개했다. 이는 잠재 고객들에게 나의 존재와 사업을 알리는 발판이 되었으며, 친밀감을 형성함으로써 공포감을 제거하는 역할을 톡톡히 해냈다. 여기에 더해 나는 꾸준한 개인 SNS 활동을 하여 대중의 신뢰도와 인지도를 높였다.

상대방에게 영향을 미치고, 마음을 움직이고 싶은가? 그렇다면 그들의 공포가 무엇인지를 먼저 파악해라. 그리고 이를 해결할 수 있는 솔루션을 제공해라. 더 나아가서는 그들이 믿고 따를 수 있는 증거를 보여줘라. 당신을 믿어야 하는 이유는 무엇인가? 어떤 부분을 확인시켜 줄 수 있는가? 실제로 무엇을 할 수 있는가? 공포를 제거하고, 권위를 높인다면, 누구라도 당신을 따르게 될 것이다.

6

3월에는
웃지 않는 이유

한번은 교사로 재직 중인 지인과 식사를 했다. 그때는 학기 초로, 대부분의 선생님이 신경이 곤두서 있는 시기였다. 그렇다 보니 자연스럽게 학교생활에 대한 이야기가 주로 오갔다. 그 와중에 매우 흥미로운 표현이 내 귀에 닿았다. 바로 "3월에는 웃지 않는다."라는 말이었다.

3월에 선생님들이 웃지 않는 이유가 뭘까? 아마도 학기 초에 권위를 만들기 위해서일 테다. 웃으면 약하고, 만만해 보일 수 있으니까. 과거와는 달리 학생들의 잘못을 꾸중하거나 벌을 세울 수도 없는 시대이기에 어쩌면 무표정으로 첫 학기, 첫 수업을 맞이하는 건 선생님들의 생존 전략일지도 모르겠다.

생각이 여기까지 미치자 내가 평소에 자주 하는 말이 떠올랐다. "위에 있다가 내려오면 은혜, 아래에 있다가 올라가면 배신"이 그것이다. 처음부터 친절한 것보다는 나중에 친절한 게 낫다는 의미를 다소 과격하게 표현한 것인데, 시간이 흘러 학생들과 친해지더라도 새 학기를 시작한 무렵에는 차갑게 다가가는 선생님들의 처세술과 너무 비슷하게 느껴졌다.

비슷한 의미로 마키아벨리는 《군주론》에서 "사랑받는 것보다는 두려움의 대상이 되는 것이 낫다."라고 했다. 이상적인 도덕성보다는 현실적인 통치의 효과를 중시한 그가 필요에 따라 공포의 존재가 되어 국가 통치를 하는 게 더욱 수월하다고 믿은 데서 한 말이다. 오늘날의 관점에서는 동의하기 어려운 부분도 있지만, 리더에게 카리스마가 필요하다는 점에는 고개가 끄덕여진다.

결국, 여기까지 언급한 모든 사례는 만남의 초반에 주도권을 잡으라는 의미로 이어진다. 말이 나온 김에 첫 만남에서 상대를 나에게 집중하게 하면서 강렬한 인상까지 남기는 법을 나눠본다..

첫째, 권위의 상징을 활용해라. 《설득의 심리학》을 저술한 로버트 치알디니는 "사람들은 권위 있는 인물이나 상징에 자동적으로 순응하는 경향이 있다."라고 했다. 군인의 계급장이 눈에 가장 잘 보이는 곳에 달려 있는 이유도 직관적으로 힘을 나타내어 지휘를 수월하게 하기 위함이다. 이렇게 권위를 나타낼 수 있는 상징으로는 복장과 외모, 상징적 물건(지휘봉, 청진기 등), 환경적 요소(고급 사무실 등), 행동과 말투, 인맥과 소속(출신 학교, 지역 등) 등이 있다. 단, 주의할 점은 능력 없이 상징성만으로 어필하면, 오히려 역효과를 내고, 지나친 권위의 표출은 거부감을 일으킬 수 있다는 사실이다.

둘째, 새로운 체제를 적용해라. 기존의 체제를 바꾸고, 새로운 시스템을 적용하는 일은 리더의 의지와 포부를 드러내는 강력한 방법이다. 정치인이나 기업인이 취임 초기에 본인의 존재감을 드러내기 위해 새로운 정책을 도입하는 사례는 쉽게 찾아볼 수 있다. 대표적인 인물로 GE의 CEO였던 잭 웰치가 손꼽힌다. 그는 취임 초기에 대규모의 구조조정과 더불어 성과 기준을 재정립했다. 그 과정이 순탄하지는 않았으나, 결국 그의 재임 기간 동안 GE는 엄청난 성장을 이뤄냈다. 이를 참고하여 만약 자신만의 새로운 비전과 시스템이 있다면, 과감히 적용해라. 단, 제대로 책임지지 못하면, 권위가 실추될 수도 있음을 염두에 두어야 한다.

셋째, 단호하고 엄격한 태도를 취해라. 이는 리더의 강한 이미지를 전달한다. 특히, 조직 내의 규칙을 철저히 지키게 함으로써 소속원들을 효과적으로 통제하는 기틀을 마련할 수 있다. '철의 여인'이라고도 불렸던 영국의 수상 마가렛 대처는 특유의 강단 있는 행동으로 국제무대에서 영국의 이익을 확실히 주장했다. 덕분에 그녀의 정책들은 빠르게 실행되었으며, 반대 의견과 세력에 대해서도 거침없이 대항할 수 있었다. 하지만 이 같은 단호함이 조직의 장악력에는 뒷받침이 될지 모르나, 분열과 갈등을 심화시키는 요인이 된다는 사실을 알아두어야 한다.

넷째, 희소성을 어필해라. 만약 당신이 다른 사람들에게는 없는 무언가를 가지고 있다면, 초반 주도권 확보에 큰 도움이 된다. 가령, 일반적으로 획득하기 어려운 자격증을 소지하고 있다거나, 남들은 해보지 못한 경험 또는 독보적인 기술력 등을 보유하고 있다면, 사람들은 당신의 말에 귀 기울일 것이다. 그리고 이런 희소성을 효과적으로 어필하기 위해서는 구체적인 수치(얼마나 귀한가), 경험의 독특성(얼마나 특별한가), 한정된 기회(얼마나 남았는가), 제시의 이유(왜 희소한가) 등의 요소를 포함하면 좋다. 유의할 부분은 과장되거나 거짓된 희소성은 가치를 떨어뜨린다는 점이다. 포털사이트의 광고에서 '이제 진짜 마지막!'이라는 문구를 우리가 믿지 않는 것처럼.

참고로 나는 코칭 교육을 할 때나 거래처와 미팅할 때, 첫 만남에 굉장히 신경을 많이 쓴다. 만일 개인 집무실에서 미팅을 하게 되면, 음악과 향기까지 사전에 세팅을 해둔다. 교육 서비스를 제공할 나에 대한 신뢰와 권위가 세워지지 않고서는 효과적인 수업 진행이 어렵기 때문이다. 거래처와 미팅을 할 때도 고객사가 나에게 돈을 쓰는 것이 망설여지지 않도록 어필할 수 있는 요소는 최대한 챙긴다. 외모와 복장은 단연 기본이고, 포트폴리오와 소개 내용까지 하나하나 세심하게 준비한다. 프로라는 느낌을 온전히 풍길 수 있도록 하는 것이다. 그래야 이후의 과정이 순탄해진다.

그저 친절해야 한다는 생각으로, 처음이니 열심히 해야겠다는 순진한 생각으로 임하는 것은 최선이 아니다. 그 마음은 유지하되, 방법을 조금 바꿔 보라. 친절하려는 마음을 겉으로 드러내지 말고, 도도하게 일을 시작해 보라. 처음 맡은 일에 최선을 다하되 일한 만큼 생색도 내 보라. 때로는 단호하고, 엄격하게 당신의 의견을 피력해 보라. 약간의 불편함과 어색함이 오히려 더 나은 관계를 위한 촉진제가 될 수 있다.

Rule 6

평판 관리

상대방은 당신이 부여한 기대치와
평판에 따라서 영향을 받는다

평판은 천천히 자라는 나무와 같다.

. . .

조지 워싱턴

인간은
평판을 지키고자 한다

말레이시아의 아름다운 도시, 코타키나발루에 가족 여행을 다녀온 적이 있다. 온 가족이 해외로 여행을 떠나는 게 무척이나 오랜만이었기에 모두가 한껏 들떠있었다. 약 4시간을 날아간 끝에, 우리는 코타키나발루의 하얏트 호텔에 도착했다. 친절한 도어맨의 미소가 우리 가족을 반겨주었고, 프런트에서 간단한 수속을 마친 후 객실로 올라갔다.

본격적으로 시작될 일주일간의 휴식에 대한 설렘 덕분인지, 후덥지근한 말레이시아의 열기조차 상쾌하게 느껴졌다. 하지만 숙소의 문을 열자마자 들떴던 마음은 와장창 무너졌다. "윽, 이게 무슨 냄새야!" 널찍하고, 깔끔한 인테리어는 훌륭했으나, 정체 모를 악취가 방을 가득 메우고 있었다. 청소가 안 된 고속도로 공중화장실의 변기에서나 맡아볼 법한 냄새였다. 견딜 수 없는 냄새에 나는 곧바로 프런트로 달려가 담당자를 불렀다.

자, 여기서 질문을 하나 하겠다. "만약 당신이 위와 같은 상황이라면 어떻게 대처했을까?", "또 프런트에 가서는 뭐라고 말했을까?" 이어지는 글을 읽기 전에 한번 생각해 보면 좋겠다. 참고로 나는 당시에 있었던 일을 일기장에 적어두어서, 상당히 정확하게 기억하고 있다. 아래는 나와 호텔 담당자가 나눈 대화다.

나	안녕하세요. ○○○호에 묵는 게스트입니다.
담당자	네, 안녕하세요. Mr. Park!
나	이 호텔에 도착해서 너무 기쁘네요. 한국에 있을 때도 하얏트를 여러 번 이용했는데, 매번 최고의 서비스를 받았습니다. 코타키나발루 하얏트 역시 굉장히 친절하네요.
담당자	아하! 고맙습니다. 이용하는 동안 즐거운 시간 보내시기 바랍니다.
나	네, 감사해요. 그런데 작은 문제가 하나 있는데, 도와줄 수 있나요?
담당자	당연하죠. 어떤 문제인가요?
나	사실은 우리 객실에서 악취가 나고 있습니다. 누군가가 오줌을 눈 듯한

냄새에요. 어떻게 해야 할까요?

담당자   너무 죄송합니다. 지금 바로 저희가 조치하겠습니다.

나   감사해요. 그런데 지금 우리 가족이 장거리 비행으로 피곤한데, 모두 로비에 있어요. 혹시 조치하는 동안 다른 방으로 바꿔줄래요? 룸 업그레이드가 가능하다면 더 좋겠네요.

담당자   너무 죄송합니다. 바로 확인해 보겠습니다.

결론은 어떻게 되었을까? 우리는 객실 업그레이드를 받았을 뿐만 아니라 사과의 의미로 과일 바구니까지 선물 받았다. 그것도 부모님과 우리 가족 객실 모두! 심지어 그들은 하얏트에서의 좋은 기억을 이어가길 바란다는 메시지가 담긴 카드까지 남겼다.

당신이라면 어떻게 했을까? 화를 내며 방을 바꿔 달라고 요구했을까? 아니면 미안해하면서 방만 변경해 주면 괜찮다고 했을까? 혹은 불편함을 있는 그대로 감수하면서 원래의 숙소에서 그대로 머물렀을까?

살다 보면 상대에게 무언가 요구해야 하는 상황이 생각보다 자주 발생한다. 구매한 제품이 불량이라서 교환을 해야 할 수도 있고, 차량을 구매하면서 할인을 해달라고 할 수도 있다. 또는 비행기 티켓을 업그레이드해달라고 요청할 수도 있다. 이러한 일상의 크고 작은 협상에서 유용하게 활용할 수 있는 개념이 바로 '라벨링 효과Labeling Effect'다.

라벨링이란, 말 그대로 옷이나 가방 따위의 제품에 붙어있는 그 라벨을 붙이는 일을 의미한다. 이는 사회심리학 개념으로, 개인이나 집단에 특정 라벨, 그러니까 무형의 꼬리표를 붙이면, 이에 부합하는 행동을 하게 되는 현상을 말한다. 그 꼬리표를 자기 정체성의 일부로 받아들임에 따라 일어나는 상황이다.

예를 들어, 누군가가 외대 영문과 출신인 나에게 "외대 영문과 출신은 모두 영어를 잘하더라고요."라고 하면, 나는 영어를 못하면 안될 것만 같은 심리 상태에 놓이게 된다. 평균 이하의 영어 실력을 가진 사람으로 보이고 싶지 않기 때문이다. 마찬가지로 전화 상담원과 통화하면서 "이 회사 직원들은 언제나 따뜻하게 응대를 하시네요."라고 건넨다면, 상대는 어떤 반응을 보일까? 조금이라도 더 친절하게 답변하기 위해 노력할 게 분명하다. 왜? 회사의 평균적인 응대 기준보다 낮아지고 싶지 않기 때문이다. 여기에서 우리는 상대에게 심리적 프레임을 제공하면, 무의식적으로 그 틀에 맞춰 행동하고자 한다는 사실을 알 수 있다.

여러 기업에서도 이러한 전략을 마케팅에 적극적으로 채택하고 있다. 대표적인 예로, 나이키의 'Just Do It' 캠페인이 있다. 나이키는 이 캠페인을 지속적으로 이어가며, 고객들을 '도전적이며, 적극적인 사람'으로 라벨링 하는 효과를 거두고 있다. 그 결과, 브랜드의 이미지 강화는 물론, 소비자와의 정서적 연결을 이룬다. 볼보의 '안전' 키워드도 라벨링에 해당한다. 시장에 '가장 안전한 차'로 인식시킴으로써, 안전을 중시하는 소비자층을 공략하고 있다. 특히, 패밀리카의 수요가 강하게 나타나는 3040세대에게 주목받는다. 이뿐만 아니라 전기차 산업은 '친환경'으로, 식품 산업은 '유기농'으로, 프리미엄 산업은 '멤버십 회원'으로 라벨링 전략을 구사하며, 제품과 브랜드, 집단의 이미지를 구축하고, 탄탄한 고객층을 확보해 나가고 있다.

이런 라벨링 전략은, 국제정치 무대에서도 빈번하게 활용된다. 단적인 사례로, 조지 W.부시 대통령이 발표한 '악의 축Axis of Evil'을 들 수 있다. 이 표현은 2002년 1월 29일, 국정연설에서 '악의 축을 형성하고, 세계 평화를 위협하는 국가들'로 이라크, 이란, 북한을 지목하며 처음 사용되었는데, 이후로 단순한 수사적 표현을 넘어, 국제 정세와 각국의 정책에 엄청난 파장을 미쳤다.

앞서 언급한 모든 정황을 미루어보면, 사람들은 자신의 평판을 관리하고자 하며, 타인에게 붙은 꼬리표를 기준으로 평가하기도 한다. 라벨링은 바로 이러한 인간의 심리적 특성을 활용한 멘탈 전략이다. 그리고 이 효력은 꽤 강력해서, 고객의 만족도를 위해 호텔 직원을 노력하게 하고, 고객에게 특정 이미지를 각인시키고자 기업을 고민하게 만든다. 더 나아가 국가 간 정치와 경제전략 등에도 계획적으로 적용한다. 따라서 당신이 상대에게 무언가를 요구하고 싶거나, 혹은 특정 행동을 유도하고 싶다면, 먼저 그들이 따라야 할 기준을 제시해 봐라. 더 간결하고, 직관적이며, 이해하기 쉬운 라벨을 붙일수록 그 힘은 더욱 강력해질 것이다.

요구와 욕구의
차이를 파악하라

나는 한때 국제회의의 의전 담당관이자 코디네이터로 활동했다. 현직 대통령과 국무총리 일행을 수행하기도 했고, 평창동계올림픽에서는 일본 방송사와 호흡을 맞추기도 했다. 당시 나의 핵심 업무는 각 부처의 실무자가 순조롭게 일을 처리할 수 있도록 돕는 중간 다리 역할이었다. 국제 행사를 진행하기 위해서는 외교부, 경찰청, 현지 대사관 등 여러 기관의 다채로운 국적 담당자와 소통하며 세심한 관리를 해야 하는데, 그러기 위해서는 나와 같은 존재가 반드시 필요했다.

평판 관리

한번은 동남아시아의 모 국가 수장이 국제회의 참석차 한국을 찾았다. 행사 일정 중 반기문 전 UN 사무총장과의 환담 행사가 있었는데, 30분가량 이야기를 나누는 아주 간단한 이벤트였다. 보통 VIP가 외부 일정을 수행하게 되면, 수십 명의 수행원이 따라붙어야 하고, 경호에 철저히 신경을 쏟아야 하기 때문에 상당히 절차가 번거롭다. 반면, 환담같이 실내에서 이뤄지는 행사는 비교적 수월한 편에 속한다. 그러나 이날은 그 어떤 외부 행사보다 진땀을 쏙 빼게 하는 '사고'가 있었다.

미팅 약 1시간 전, 행사 관계자들이 환담이 진행될 장소에 모여서 준비 사항을 체크했다. 회의 장소가 변경되지는 않았는지, 경호를 위한 내부 검색은 마쳤는지 등 세부 사항을 확인했고, 큰 문제는 발견되지 않았다. 마침 현지 국가의 대사도 회의 준비 상황을 점검하러 왔고, 담당자였던 나에게 이런저런 질문을 했다. 그러던 중 한 질문에 분위기가 급격히 굳어버렸다. "통역 부스는 어디에 있죠?"

분명 전날 저녁까지만 해도, 통역 부스는 단 한번도 언급되지 않았다. 그런데 뜬금없이 통역 부스가 도마 위에 올랐다. 참고로 통역 부스는 매우 크고, 무겁다. 거리의 공중전화 부스를 떠올리면 된다. 행사 1시간 전에 갑자기 통역 부스를 찾는다는 건, 날이

더우니 에어컨을 가져와서 틀어달라는 것과 같은 소리였다. 황당해진 나는 이렇게 답했다. "어제 회의에서 통역 부스 이야기는 없었습니다." 이 말을 들은 대사는 동공과 콧구멍이 커지고, 호흡이 가빠졌다. 화가 났다는 전형적인 사인이었다. 아니나 다를까, 불호령이 떨어졌다. "지금 당장 가져오세요!"

변명은 의미가 없었다. 그 자리에서 내가 해야 할 일은 '이 사람이 갑자기 왜 이러나?'를 따질 게 아니었다. 그저 '어떻게 통역 부스를 가져오나?'에 대한 답을 빠르게 내려야만 했다. 나는 즉시 스태프들을 불러 상황을 설명하고, 연락할 수 있는 모든 곳에 전화를 걸어 도움을 요청하라고 지시했다. 나 또한 호텔 내의 다른 회의장에서 통역 부스를 빌릴 수 있는 곳이 있는지 백방으로 뛰어다니며 수소문했다. 하지만 전화박스만 한 통역 부스를 1시간 만에 구해온다는 건 애초에 말이 되지 않는 일이었다. 그사이 시간은 30분이나 지나버렸다.

"미스터 박, 통역 부스는 어디 있나요?" 예정된 시간이 다가오자 대사는 나를 더욱 닦달했다. 그녀의 얼굴은 상기되어 있었고, 목소리는 한 톤 올라가 있었다. 그래도 보고는 해야 했기에 나는 수소문 중이지만, 사실상 통역 부스를 준비하는 건 불가능하다고 전했다. 그런데 그녀는 막무가내로 무조건 설치하라는 말만 했다.

이에 나는 라디오 통역기를 제안했다. 통역사가 송신기에 대고 말하면, 라디오처럼 목소리가 전송되는 통역 장치였다. 대사의 좋다는 말을 듣고 부랴부랴 기계를 찾아다녔다.

그런데 이게 웬걸. 국제회의를 진행하는 행사장에는 항상 통역용 라디오 장치를 구비해두니 쉽게 구할 수 있으리라 믿었으나, 일이 꼬이려니 이마저도 문제가 생겼다. 다른 회의장에서 세션이 진행 중이라 여분의 송수신기를 구할 수가 없었던 것이다. 비교적 사이즈가 크지 않으니 외부에서 공수해 올까 했지만, 시간이 문제였다. 어느새 행사 시작까지 10분도 채 남지 않았다. 결국 안간힘을 썼음에도 통역 부스도, 라디오 장치도, 수포로 돌아갔다. 등이 땀으로 푹 젖었고, 머릿속이 하얘졌다. 눈앞의 대사는 "이건 외교적 결례입니다. 해결 못하면 공식적으로 항의하겠습니다!"라며 나를 압박했다. 스태프들은 나만 바라보고 있었다.

그때 아이디어 하나가 번뜩였다. 정신을 가다듬고 대사에게 물었다. "대사님! 혹시 통역 부스가 필요한 이유가 뭘까요?" 그녀가 답했다. "그걸 몰라서 물어요? 당연히 우리 보스가 영어를 못하기 때문이죠!" 나는 마음속으로 쾌재를 불렀다. "아! 그렇다면 통역사의 소리만 전달되면 되는 거죠? 총리님이 내용을 알아들으실 수 있도록요!" 여기에 "네, 아무래도 상관없으니 빨리 해결이나 하세요!"라는 대사의 답변을 듣자마자 나는 곧장 호텔 담당자를 찾았다. 그러고는 회의장에 마이크와 스피커 설치가 가능한지 물었다. 다행히 해당 장소가 회의실로 쓰이는 곳이라서 음향장치가 모두 갖춰져 있었다. 마이크만 가져오면 바로 사용할 수 있는 상태였다. 그렇게 1분도 되지 않아 통역 문제는 해결되었고, 가까스로 회의도 무탈하게 마무리되었다.

한편, 불같이 화를 내는 상사, 점점 임박해 오는 행사 시간, 내 결정만을 기다리는 팀원들, 게다가 나로 인해 문책당할 관계자들 모습이 떠오르는 극심한 압박 속에서 불현듯 내 머릿속을 스친 아이디어는 무엇이었을까? 그건 다름 아닌 "상대가 진정으로 원하는 것은 무엇인가?"라는 질문이었다. 그리고 이 질문은 나에게 커뮤니케이션의 개념을 완전히 새롭게 정의하도록 만들었다.

나는 종종 강의할 때 수강생들에게 "커뮤니케이션을 무엇이라 생각하나요?"라고 묻는다. 그러면 보통 '소통하는 것', '생각을 주고받는 것', '의견 교환'이라고 답한다. 모두 정확한 의미이며, 지금껏 그렇게 알고 지내왔을 것이다. 하지만 나는 조금 다르게 정의한다. 당신도 앞으로 "커뮤니케이션이란 무엇인가?"라는 질문을 받는다면, 이와 같이 생각하기를 바란다. "커뮤니케이션이란, 요구와 욕구의 해결이다."

여기서 말하는 '요구'는 상대방이 표면적으로 원하는 것이며, '욕구'는 내면 깊숙한 곳에서부터 진정으로 바라는 것을 뜻한다. 재미있는 사실은 대부분이 본인 스스로도 진정한 욕구를 파악하지 못한다는 점인데, 앞선 사례를 바탕으로 요구와 욕구를 가려 내 보자.

통역 부스 문제가 처음 불거졌을 때, 나의 초점은 온전히 대사의 요구 사항이었다. 그녀가 말하는 대로 '통역 부스를 가져다 놓기'에만 집중하다 보니, 문제 해결의 벽에 부딪혔다. 통역 부스라는 프레임에 빠져, 생각의 범주가 쪼그라든 것이다. 대사 또한 본인이 진정으로 원하는 것이 '원활한 회의'였음에도 불구하고, 통역 장치만 강조함으로써 관계자들이 효과적으로 대응할 수 없게 만들었다. 만약 그녀가 감정을 조절해 본질적인 욕구를 전달했다면, 상황은 훨씬 빠르고, 쉽게 정리되었을 테다.

본래 인간의 욕구란, 딱딱한 조개껍질 속의 조갯살과 같아서 파악하는 게 쉽지 않다. 이유인즉, 인간은 다양한 의도와 필요, 목적에 따라서 진정한 욕구를 드러내지 않을 뿐만 아니라, 바로 위에 언급했듯이 스스로 무엇을 원하는지 모르는 경우가 훨씬 많기 때문이다. 그런 의미에서 "진정으로 원하는 것은 무엇인가?"라는 질문은 욕구 파악을 위한 최고의 질문이라고 할 수 있다.

《입소문을 만드는 100가지 방법》을 저술한 조지 실버만은 "드릴을 살 때, 소비자가 진정으로 원하는 것은 '4분의 1인치짜리 구멍'이다."라고 한 바 있다. 드릴을 찾는 고객에게 구멍을 뚫는 기계는 요구 사항이며, 진정한 욕구는 구멍을 뚫는 것 혹은 더 나아가 구멍을 뚫음으로써 얻을 결과물이 되는 셈이다. 당신이 조금 더 이해하기 쉽도록, 일상에서 마주할 수 있는 요구와 욕구의 몇몇 예시를 정리해 보았다.

상황	요구	욕구
퍼스널 트레이닝 상담 고객	운동을 배우고 싶어요.	누가 나를 관리해 주면 좋겠어요.
잠을 자지 않는 아이	잠 자기 싫어요.	더 놀고 싶어요.
등교를 거부하는 학생	학교에 가기 싫어요.	친구들과 관계가 좋지 않아요.
수트를 구매하려는 CEO	좋은 수트를 입고 싶어요.	잘나가는 CEO로 보이고 싶어요.
브로슈어 제작 의뢰인	세련된 브로슈어가 필요해요.	영업 실적을 높이고 싶어요.
최근 쉽게 짜증을 내는 아내	나 좀 건드리지 마!	온전한 휴식을 즐기고 싶어.

아울러 상대방의 내면 욕구를 파악할 수 있는 항목별 질문을 공유한다. 상대방도 알아차리지 못하는 숨은 소망은 아래 3가지

범주 내에서 크게 벗어나지 않을 테니, 적극 활용해 보길 바란다.

1. 배경의 이해

- 왜 이런 말을 할까?
- 이 말을 하는 이유가 무엇일까?
- 이 말을 하기 전에 어떤 일을 겪었을까?

2. 표정과 자세의 이해

- 저 표정은 무엇을 의미하는 걸까?
- 왜 저런 자세를 취하는 걸까?
- 표정과 자세가 일치하는가?

3. 상황과 사건의 이해

- 현재 어떤 일이 일어나고 있는가?
- 상대와 현재 상황이 어떤 연관이 있는가?

나는 이를 가족과 대화할 때도, 클라이언트를 만날 때도, 인터뷰를 할 때도, 한마디로 매 순간 적용한다. 겉으로 드러나지 않는 그들 내면의 욕구까지 찾아낼 수 있어야 진정으로 도움이 되고, 공감할 수 있는 제안 또는 해결책을 제시할 수 있어서다. 덩달아 나와 대화를 나누는 상대방은 높은 확률로 이해받는 느낌을 받게 되면서, 더욱 깊은 대화도 가능해진다.

인간은 누구에게 끌리는가? 나에게 필요한 부분을 주는 사람, 나를 이해해 주는 사람, 나의 문제를 해결해 주는 사람이다. 요구와 욕구를 파악하는 실력만 장착한다면, 당신은 이 3가지를 모두 해낼 수 있는 정보를 빠르게 손에 넣을 수 있을 뿐만 아니라, 누구에게나 매력적인 대상으로 거듭나리라 확신한다.

3

소셜 명함과
퍼스널 브랜딩

내가 취미로 즐기는 레저 스포츠가 있다. 한번은 담당 강사가 1박 2일 워크숍을 열었기에, 다른 수강생들과 친목을 다질 겸 설레는 마음으로 참석했다. 낮에는 팀별 대항 체육대회로, 저녁에는 숯불에 바비큐와 해산물을 구워 먹으며, 흥겨운 시간을 보냈다. 대다수가 초면이었음에도, 같은 취미라는 공통 분모 하나로 금세 친해졌다.

그런데 담소를 나누며 분위기가 한껏 달아올랐을 때, 재미있는 장면을 목격했다. 하나둘 서로의 SNS 계정을 물어보기 시작하는 것이었다. "혹시 SNS 하나요?", "아이디가 뭔가요?", "팔로우 가능할까요?" 그렇게 사람들은 서로의 계정을 확인하면서 간혹 팔로워가 많으면, 인플루언서라며 탄성을 터뜨리기도 했다. 또 사진과 영상에 담긴 라이프 스타일을 보고, 그 사람의 경제적 수준을 가늠하기도 했다. 지금껏 어떤 커리어를 쌓아왔으며, 어떤 분야에 종사하고 하고 있는지에 대해서 알아맞히기도 했다. 그 모습을 보면서 이제 SNS가 회사명과 이름, 직위가 새겨진 기존 명함의 기능을 아득히 뛰어넘었음을 피부로 느낄 수 있었다.

나는 이 글을 쓰는 시점에 유튜브 구독자 135,000명, 인스타그램 팔로워 28,000명을 보유하고 있다. 두 계정의 콘텐츠는 매우 전략적이며, 구체적인 기획을 바탕으로 성장해 왔다. 덕분에 강의를 할 때도, 사업을 할 때도, 수익화에 큰 도움이 되었다. 그뿐만 아니라 인적 네트워크 확장에도 지대한 역할을 했다. 이로써 내 SNS 채널은 '박성운'이라는 개인을 넘어, '806'이라는 회사 브랜드의 영향력까지 키워준 셈이다. 이를 근거로, 나는 당신에게 단순히 팔로워를 늘리는 것보다 확실한 브랜드 구축을 위한 SNS 운영 전략을 공개하고자 한다. 이는 당신의 영향력을 가파르게 키워줄 치트키가 되어 주리라 확신한다.

본론에 들어가기에 앞서, 'CI'와 'PI'의 개념부터 이해할 필요가 있다. 먼저 CI란, 'Corporate Identity'의 약자로, 대중에게 기업의 정체성을 나타내는 일련의 작업을 뜻한다. 여기에는 기업이 존재하는 이유와 목적, 철학, 비전 등을 반영하며, 대체로 로고나 캐릭터와 같은 시각적 이미지로 나타낸다. 이렇게 형상화한 것을 상품, 광고, 대외 활동 등 다양한 수단을 통해 노출하여, 고유의 개성을 대중에게 인식시킨다.

대표적인 예로, 친환경 패션 브랜드인 파타고니아가 있다. 이 브랜드는 환경 보호 정신을 표방하며, 기업의 전 영역에 걸쳐 이 정신을 나타내기 위해 노력한다. 그들의 인재상과 내부 문화를 비롯해, 상품, 광고, 디자인, 홍보대사 등 모든 요소가 파타고니아의 정신과 부합한다. 이 외에 애플, 코카콜라, 디즈니랜드, 포르쉐, 삼성 등 수많은 기업에서도 통일성 있는 CI를 통해 확실한 기업 이미지를 소비자에게 각인시켰으며, 현재도 유지 중이다.

다음으로 PI는 'President Identity'의 약자로, 줄곧 CEO 혹은 기관, 단체 등 조직의 '장President'을 위한 정체성 확립 과정으로 인식되어 왔다. 다시 말해, 리더가 조직의 가치와 비전, 철학 등을 담은 개인의 브랜드를 구축하고, 이를 바탕으로 대중과 관계를 형성하는 일이다. 하지만 SNS가 발달하면서 일반 개인도 대중과의 소통 창구를 쉽게 만들 수 있게 되었다. 이는 PI가 더는 CEO의 전유물이 아님을 뜻한다. 조직을 갖추지 않더라도 스스로를 브랜딩하여, 전문가로 입지를 다지고, 비즈니스로 발전시킬 수 있게 된 것이다. 그래서 최근에 PI는 'Personal Identity'의 의미로도 많이 사용한다.

나는 이런 PI 전략을 바탕으로 성장한 사람 중 한 명이다. 이를 설명하기 위해 유튜브를 사례로 들어본다. 나는 지금껏 유튜브에 도전해 총 3번의 실패를 했고, 2018년 3월에 시작한 4번째 시도 이후 비로소 자리를 잡았다. 앞의 세 차례와 마지막 도전의 명확한 다른 점이 있다면, '확실한 컨셉'과 '카테고리 선정'이다. 모든 건 철저히 PI 전략을 염두에 두고 설계했는데, 우연히 PR과 PI의 개념을 접한 덕분에 가능했던 일이다. 그럼, 지금부터 내가 설정했던 PI 기본 가이드를 공유하면서 차근차근 설명을 이어가 보겠다.

1. 설득력 있는 언변과 유창한 외국어 실력
2. 몸에 잘 맞는 수트와 그에 어울리는 액세서리
3. 독서와 운동, 레저를 즐기는 진취적인 사업가

이 항목이 나의 PI 기본 가이드였다. 2018년 당시 나의 목표는 '교육 콘텐츠를 통해 교육 사업을 전개하는 것'으로 명확했다. 이에 따라 대중과의 1차 접점이 온라인임을 잊지 않고, SNS에 콘텐츠를 업로드할 때는 위의 가이드를 철저하게 지켰다. 전문가로서의 이미지를 공고히 하고, 동종 업계의 사람들과 차별화를 두기 위함이었다.

무엇보다 나의 주요 타깃 클라이언트는, 고액 연봉을 받는 CEO 또는 전문직 종사자, 조직·단체를 대표하는 인물들이었다. 시장 조사 결과, 스피치, 프레젠테이션과 같은 커뮤니케이션 스킬 교육에 대한 니즈가 직장인보다 리더에게 더 높이 나타난 데서 내린 판단이었다. 조직의 리더는 총괄자로 많은 사람 앞에서 발표를 해야 할 일이 상대적으로 많기에, 스피치는 선택이 아닌 필수로 요구되는 능력이다. 다만 한 가지 문제가 있었다. 내가 커뮤니케이션 스킬은 갖추었으나 교육자로서의 커리어는 짧다는 사실이었다. 이와 같은 현실에서 내가 할 수 있는 최선의 전략은, 적어도 그렇게 보이도록 세팅하는 일이었다. 따라서 나는 고급스러운 전문가 포지셔닝을 위해 다음과 같은 사항을 일관성 있게 관리했다.

1. 유튜브 채널의 디자인 요소

- 타이틀, 섬네일, 프로필 이미지에 톤 다운된 무채색 계열 적용
- 항상 수트를 착용하며, 뉴스, 시사 프로그램과 같은 분위기와 구도 연출

2. 말투와 단어 선택

- 전문 용어를 섞어 사용함으로써 전문성이 느껴지도록 함
- 은어 및 비속어를 가급적 사용하지 않으면서 단정한 이미지 구축

3. 일상 모습 노출

- 운동, 독서 등 꾸준히 자기 관리를 하고 있음을 어필함
- 유튜브 촬영, 워크숍 진행 모습 등을 공유해 현장에서 활동 중임을 증명

4. 강의 운영과 디자인 요소

- 보조 스태프를 별도로 두어 강의 접수부터 진행까지 여유롭게 연결함
- 간결하고, 임팩트 있는 강의 자료 디자인으로 메시지 전달력 강화

5. 사무실의 위치와 공간

- 과거와 현재가 공존하는 광화문의 이미지를 개인 브랜딩에 차용함
- 공유 오피스의 세련된 공용 공간을 활용하여 고급스러운 분위기 노출

한편, 최근에는 이 같은 개인 브랜딩을 SNS 콘텐츠 업로드, 자신만의 로고 제작, 퍼스널 컬러 어필 정도로 받아들이는 경향이

있다. 그러나 한 사람을 브랜드화하는 일은 그렇게 간단한 작업이 아니다. 비주얼 전략, 콘텐츠 제작에 국한된 게 아니라, 외모와 복장을 비롯해, 말투와 행동, 사용하는 제품, 사무실 인테리어, 활동 지역 등 당사자를 나타내는 모든 요소가 조화를 이룰 때 비로소 PI가 완성된다. 참고로 나는 시계나 안경의 브랜드부터 수트의 원단, 사용하는 볼펜의 브랜드, 향수, 사무실의 위치와 심지어 거주지까지 모두 내 PI에 맞도록 고심하여 골라서 사용하며, 노출한다.

대신, 나는 나에게 없는 것을 만들어내지는 않았다. 내가 원래 갖고 있거나 혹은 관심 있고, 좋아하는 영역을 확대하여, 선택적으로 대중에게 노출했다. 당연히 나도 사람인지라 정크 푸드를 먹으며, 게으름 피우는 날이 있다. 면도도 거른 채 편안한 옷을 입고, 소파에 흐트러져 있기도 한다. 하지만 그런 면까지 공유할 필요는 없는 것이다.

대중은 스마트폰 혹은 PC의 스크린을 통해서 당신을 만난다. 그러므로 SNS를 통해 당신이 하는 말 한마디, 보여주는 사진과 영상 하나가 곧 당신의 정체성을 반영한다. 그러니 SNS를 통해 당신을 브랜딩한다거나, 회사의 브랜드 이미지를 구축하고자 한다면, 게시물을 올리기 전에 생각해 봐야 한다. '이 콘텐츠가 나 혹은 회사의 브랜드 가이드라인에 맞는가?' 하고 말이다. 부디

SNS에 그날의 우울함을 여과 없이 쏟아내거나, 굳이 알릴 필요 없는 개인사를 낱낱이 공개하지 마라. 당신이 내보내는 모든 메시지는 사람들의 머릿속에 남아, 하나의 이미지를 형성하니까.

SNS로 많은 팔로워를 모으고, 구독자를 쌓는 것만이 중요한 게 아니다. 그 안에 어떤 내용을 채워서, 얼마나 당신이라는 존재를 효과적으로 드러낼 수 있는지가 관건이다. 기업이 그들의 정체성을 드러내기 위해 CI에 힘을 싣듯, 당신도 PI의 개념을 인지하면서 활동해야 한다. 그렇게 훌륭하게 완성한 PI는, 당신이 활동하는 분야에서 당신을 영향력 있고, 믿을 수 있는 인물로 만들어준다. 더 나아가서는 당신의 회사를 널리 알리는 최고의 홍보 대사 역할을 톡톡히 해낸다.

4

문제를 재정의하여 관점을 옮겨라

개인적으로 '바Bar'를 참 좋아한다. 수트를 즐겨 입게 되면서 자연스럽게 접하게 되었는데, 그 특유의 분위기에 매료되었다. 바의 묘미 중 하나는 바텐더와의 커뮤니케이션이다. 술 종류에 대한 대화를 나누기도 하고, 때로는 개인사까지 편하게 털어놓기도 한다. 마침 이야기가 나온 김에, 바텐더로 근무하던 한 동생의 연애 문제로 이번 주제를 풀어본다.

평소보다 업무가 일찍 끝난 어느 날, 자주 이용하는 바를 찾았다. 이른 시간이라 손님이 한 명도 없는 그때, 오픈 준비를 하던 동생이 나를 맞아주었다. 그런데 평소와 달리 생기도 없고, 시무룩한 얼굴이었다. 그 모습을 보고 나는 가볍게 한마디를 툭 던졌다. "왜 싸운 거야? 이유를 말해 봐. 형이 해결해 줄게." 그러자 동생은 놀란 토끼 눈으로 "아니, 제가 여자 친구랑 싸운 건 어떻게 아셨어요?"라고 물었다. 나는 대수롭지 않다는 듯 "그런 표정 지을 일이 또 뭐가 있겠어. 이야기해 봐." 하고는 그의 사연에 귀 기울였다.

자초지종은 이러했다. 해당 사건이 있기 전, 여자 친구와 크게 다툰 적이 있었단다. 속상한 마음에 친구와 메시지를 주고받으며 여자 친구를 험담했는데, 그걸 들키고 만 것이다. 당연히 여자 친구는 크게 상처를 받았고, 둘의 관계가 위태로워진 상황이었다. 전후 사정을 들은 나는 솔루션을 제시하기에 앞서 2가지를 물었다. "너 정말 미안한 거 맞지? 계속 만나고 싶고?" 질문이 끝나기가 무섭게 돌아온 대답은 "당연하죠, 형. 너무 미안하고, 면목이 없는데 사과를 해도 안 통해요. 어떻게 하죠?"였다. 그런 그에게 나는 "그럼, 내가 알려주는 대로 해봐."라며 해결책을 들려주었다. 그로부터 꽤 시간이 지난 뒤, 그 바를 다시 찾았다. 동생은 언제나처럼 특유의 생글생글한 얼굴로 나를 맞았다. 그리고 나를 보며 이 한마디를 내던졌다. "형! 대박이에요." 그러면서 내가 알려준 전략을 적용하자, 여자 친구와의 응어리는 눈 녹듯 사라졌고,

덕분에 다시 사이좋은 연인으로 달콤한 시간을 보내고 있다고 했다. 나는 그 친구에게 어떤 처방을 해준 것일까? 그 내용을 공유하기 전에 다른 일화를 하나 더 소개한다.

이번에는 나의 커뮤니케이션 코칭 클라이언트의 사연이다. 지방에서 에스테틱 숍을 운영하는 대표로, 매주 서울까지 올라와 교육받을 정도로 매우 열성적이었다. 나를 만난 이유는 세일즈 성과를 높이고, 사업 확장에 도움을 받기 위함이었다. 그런데 한번은 다급한 목소리로 연락을 해왔다. "선생님! 큰일 났습니다. 신혼여행 간 신부가 제가 준 화장품을 쓰고 피부가 뒤집어졌다고 해요. 단단히 화가 나서 환불하고, 책임을 따지겠다고 합니다. 어떻게 하면 좋죠?" 나는 짧게 질문을 던졌다. "원장님, 피부는 다시 진정시킬 수 있는 건가요?" 그녀는 충분히 가능하다고 했고, 나는 곧장 그에 따른 행동 요령을 알려주고는 통화를 마쳤다. 며칠 뒤, 해당 고객은 여전히 화가 난 상태로 숍을 찾아왔다고 한다. 그런데 내가 알려준 대로 응대하자, 놀랍게도 고객은 환불은커녕 오히려 기분 좋게 관리를 받고 돌아갔다고 했다.

이 밖에도 나는 분노에 찬 상대방의 마음을 가라앉히고, 오히려 팬으로 만든 일이 여러 번 있다. 의료 사고로 고소하겠다며, 의사에게 전화를 걸어 협박하던 사람을 고객으로 전환하기도 했고,

거래를 끊겠다는 테일러 숍의 손님을 꾸준한 단골로 유지한 경험도 있다. 재미있는 사실은, 모든 상황에 동일한 영향력의 법칙을 적용했다는 점이다. 지금부터 그 비결을 파헤쳐 보겠다. 그 전에 이 문장부터 마음에 새겨두자.

"문제를 해결하려면, 문제에서 벗어나야 한다."

문제가 일어났을 때, 문제 해결을 가장 어렵게 만드는 요소는 그 무엇도 아닌, '문제에 매몰되는 것'이다. 즉, 문제가 만들어 놓은 프레임에 빠지는 것으로, 첫 번째 상황을 대입해 보면 이렇게 된다.

1. **문제 발생:** 여자 친구의 험담 사실을 들킴
2. **문제 매몰:** 험담한 사실에 대한 사과의 반복

여자 친구에 대한 험담이 문제가 된 바텐더 동생은 시종일관 "험담해서 미안해."라며 해당 이슈를 두고 반복적으로 사과했다. 이는 두 사람 모두 '험담을 했다.'는 사실에 매몰되게 만들며, 갈수록 문제 해결에서 멀어지는 결과로 이어진다. 이를 잘 이해하고 있던 나는, 동생에게 현재 맞닥뜨린 문제를 다른 시각으로 바라봐야 한다고 했다. 다시 말해, '험담'이라는 문제로부터 한 걸음 물

러서서, 더 큰 시각으로 상황을 끌어 나가는 게 필요하다고 알려주었다. 더 나아가 문제를 '재정의'해야 하는데, 이때는 발전적인 방향을 제시하는 게 핵심이라고 일러주었다. 이에 따라 나는 아래와 같이 문제 전반을 짚어주고, 여자 친구에게 해야 할 멘트도 덧붙여 주었다.

1. **문제 발생:** 여자 친구의 험담 사실을 들킴
2. **문제 정의:** 문제 원인을 파악하고 구체적인 대책 제안
   (사과, 배상, 원상복구 등)
3. **문제 재정의:** 문제의 범주를 확대하여 새로운 방향성 제시
4. **대응 멘트:** "네가 보든, 보지 않든, 너의 험담을 타인에게 한 건 정말 잘못한 일이야. 그 일로 마음이 상했을 것도 당연하고. 앞으로는 그런 일을 반복하지 않을 거야. 정말 미안해(문제 정의 및 사과). 하지만 한편으로는 우리에게 보다 깊은 소통이 필요하다는 생각도 들어. 이번 상황을 가슴속에 있는 이야기를 시원하게 터놓는 계기가 되면 좋겠어(문제 재정의 및 새로운 방향성 제시)."

대응 멘트를 살펴봤을 때 어떤가? 단순히 사과만 반복하지 않았다. 가장 먼저 무엇이 상대를 속상하게 했는지 정확하게 원인

을 파악하며, 문제를 정의했다. 그런 다음, 구체적으로 자신의 실수에 대해 사과하고, 이어서 새로운 관점을 형성했다. 그저 '험담을 해서 미안하다.'라는 이슈를 넘어서 '소통의 부재와 관계 발전의 기회'라는 프레임으로 확장한 부분이 그것이다. 이로써 두 사람은 매몰되어 있던 기존 문제에서 벗어날 수 있었으며, 이를 계기로 더욱 돈독한 관계를 형성할 수 있게 된 것이다.

에스테틱 숍의 이슈에도 똑같이 적용했다.

1. **문제 발생:** 화장품으로 인한 피부 트러블
2. **문제 정의:** 문제를 정의한 뒤 구체적인 대책 제안

    (사과, 배상, 원상복구 등)
3. **문제 재정의:** 민감한 피부에 대한 더욱 세심한 관리 방법 제시
4. **대응 멘트:** "소중한 신혼여행 기간에 피부 트러블이 생겨서 정말

    속상하셨겠어요. 화가 난 것도 충분히 이해됩니다(문

    제 정의 및 공감). 그런데 이런 문제가 생긴 건 피부가

    정말 민감하다는 뜻이에요. 더 세심하게 관리하지 않

    으면, 똑같은 일이 언제든 생길 수 있습니다. 이번 일

    을 계기로 피부 개선을 확실히 하시죠(문제 재정의 및

    새로운 방향성 제시)."

나중에 들으니 고객의 피부 트러블은 애초에 처방했던 가이드를 어기는 바람에 생긴 일이었다. 이유야 어찌 됐든 신혼여행이라는 소중한 기간 동안 애를 먹었으니, 신부도 제법 속상했을 테다. 원장은 그런 신부의 마음을 헤아리며, 피부가 그렇게 된 자초지종과 이후의 관리 과정을 상세히 설명해 주었다고 한다. 또한 이런 사태가 발생함은 피부가 민감하다는 증거이자, 피부 문제를 파악하여 세심하게 케어 할 수 있는 계기로 본다며, 문제를 긍정적으로 재정의했다. 흥미로운 부분은, 고객에게 환불 이야기를 꺼내니 그때는 화가 나서 한 말이라며, 피부만 원래대로 좋아질 수 있다면 괜찮다고 했다는 사실이다. 이런 반응에 원장은 추가 서비스를 몇 회 제공했고, 이후로도 좋은 관계를 유지해 나가고 있다고 한다.

눈치챘을 수도 있다. 에스테틱 숍 원장에게 제시한 전략은 앞서 다룬 요구와 욕구를 파악하는 커뮤니케이션 스킬이기도 하다. 이 사례에서 상대의 요구 사항은 환불이었고, 진정으로 원하는 욕구는 피부의 원상복구였다. 이 부분을 제대로 파악하고, '신혼여행에서 생긴 피부 트러블'이라는 눈앞의 문제를 '민감한 피부의 전문적인 관리 필요성'으로 전환한 점이 주효했다. 문제를 부정적으로만 바라보지 않고, 변화의 계기로 삼을 수 있도록 유연하게 방향성을 바꾼 것이다. 이 같은 화법은 상대뿐만 아니라 본인도 문제에 매몰되는 일을 방지해 준다. 게다가 대화를 다음 레벨로 전개하도록 돕는다. 비즈니스라면 새로운 수익 창출로의 기회로 만들 수도 있다.

누구든지 문제가 일어났을 때, 문제만 바라보고 있으면, 결코 해결책을 발견할 수 없다. 눈앞에 주먹을 가깝게 가져가 보라. 아무것도 보이지 않는다. 아무리 높은 벽이라고 해도 멀찍이 떨어지면, 그 끝이 보임과 동시에 주변도 시야에 들어온다. 그러므로 우리는 항상 더 큰 패러다임으로 현상을 바라보는 노력을 해야 한다. 이것이 바로 "문제를 해결하려면, 문제에서 벗어나야 한다." 는 말의 진정한 의미이다.

혹시 지금 이 순간, 당신의 골치를 아프게 하는 문제가 있는가? 그렇다면 문제를 재정의해라. 그 과정에서 문제가 긍정적인 방향으로 전개될 가능성이 있는지, 변화의 계기로 삼을 수 있는 여지가 있는지 찾아라. 모든 문제에는 반드시 해결책이 있게 마련이며, 인간은 결국 문제를 극복하며 성장한다 모쪼록 사고의 전환을 통해, 문제 해결의 실마리를 찾기 바란다.

5

200만 원짜리
수트를 입는 이유

프린스턴 대학교의 심리학자 재닌 윌리스와 알렉산더 토도로프가 2006년, 〈Psychological Science〉를 통해 발표한 자료에 따르면, 사람들이 첫인상을 감지하고, 판단하는 데 걸리는 시간은 대략 1/10초라고 한다. 1초도 되지 않는 찰나에 상대방에 대한 인상이 형성되는 셈이다. 좋든 싫든 얼굴과 체형, 옷차림 등 외모에 기초해 순간적으로 이뤄지는 판단은 우리가 타인을 대하는 방식은 물론, 타인으로부터 대우받는 방식에도 매우 큰 영향을 미친다. 인간의 뇌가 시각적인 정보에 가장 큰 영향을 받아서 그렇다.

인간의 두뇌는 이미지를 텍스트보다 60,000배 정도 빠르게 처리한다고 한다. 또한 시각적 정보는 단순한 사실 이외에 표정이나 분위기 등 추상적인 정보도 동시에 전달한다. 따라서 첫인상이 가지는 힘은 상상 이상으로 강력하고, 복합적으로 작용한다. 이런 현실인데도, 일각에서는 '외모지상주의'를 비판적인 시각으로만 바라보며, 겉모습으로 상대를 평가하는 게 옳지 않다고 말한다. 하지만 이는 인간의 본능적이고, 자연스러운 반응일 뿐이다. 그리고 다르게 해석하면, 외모를 가꾸면 이득을 볼 수 있다는 의미가 되기도 한다.

제품에도 마찬가지 논리가 적용된다. 애플과 다이슨을 대표적인 예로 들 수 있다. 애플 컴퓨터가 고가임에도 불구하고, 세계 곳곳에서 사랑받는 가장 큰 이유 중 하나는 디자인의 유려함에 있다. 개발 초반에 디자인팀에 "핥고 싶을 만큼 예쁘게!"라고 주문을 넣었을 만큼, 스티브 잡스는 제품의 외관에 신경을 썼다. 아이팟, 아이폰, 아이패드 등도 예외는 아니었다. 그 결과, 전 세계에서 애플의 디자인에 열광했고, 덕분에 오늘날의 브랜드 위상을 얻었다고 해도 과언이 아니다. 다이슨 역시 지금까지 일반적으로 경험했던 가전제품의 디자인과는 차별화된 독특함과 고급스러움으로 소비자의 마음을 사로잡았다. 대담하고, 선명한 색상과 미니멀한 디자인은 다이슨을 프리미엄 가전 브랜드로 인정받게끔 했다.

사이토 히토리가 쓴 《부자의 인간관계》에는 이런 내용이 나온다. "사장이라는 직위에 있다면, 한눈에 사장이라고 알아챌 수 있는 화려한 복장을 하고 있어야 한다. (중략) 성공한 사람이 되어 모두가 부러워할 만한 모습을 하고 있는 것이 꼭 본인에게만 영향을 주는 것은 아니다. 그렇게 함으로써 지금부터 일을 찾으려는 젊은이들에게 그 업계나 회사의 장래가 밝다는 점을 어필하고 꿈을 심어줄 수 있기 때문이다." 리더의 외모가 본인의 멋뿐만 아니라, 회사의 이미지에도 영향을 미친다는 사실을 강조하는 내용이다. 그리고 바로 여기에 내가 200만 원짜리 고급 수트를 입는 이유가 있다.

나는 대학생 때부터 수트를 좋아했다. 이는 특히 서양의 CEO들과 강연가들의 영향이 컸다. 책과 잡지, 영상을 통해서 내 마음을 끌어당긴 사람들은 한결같이 풍채가 좋고, 머리를 깔끔하게 빗어 넘겼으며, 세련된 수트 차림이었다. 이 모습을 동경하게 된 나는 온라인 쇼핑몰에서 10만 원짜리 수트를 구매해, 아무 일이 없어도 매일 입고 다녔다. 또 덩치가 좋아지고 싶어서 꾸준한 운동으로 몸무게를 20kg 가량 증량했다. 머리는 벌써 10년 넘게 2:8 스타일을 고수 중이다. 그 당시 내 외모 관리의 목적은 온전히 거울 속 나를 위한 것이었다. 현실은 대학생일지라도 거울 속의 나는 성공한 CEO, 유명 강연가이기를 바랐다.

이렇게 오랜 기간에 걸쳐 발굴한 취향과 일관성 있는 이미지 관리는 교육 사업을 시작할 때 특히 빛을 발했다. 잘 가꿔온 나의 외모와 복장은 현장에서 갈고 닦은 커뮤니케이션 스킬 지식과 어우러져 시너지 효과를 냈다. 클라이언트들에게 빠른 신뢰를 주면서, 전문적인 퍼스널 브랜드 구축에 큰 도움이 된 것이다.

지금껏 내가 한 모든 이야기는 당신이라는 존재를 전략적으로 보여줌으로써 신뢰를 얻고, 전문성을 어필하는 데 집중되어 있다. 한마디로 상대방에게 좋은 인상을 남기는 비결이다. 단, 절대 착각해서는 안 된다. 여기서 논하는 게 절대적인 아름다움이 아니라는 점을 말이다. 인간의 미의식은 상당히 주관적이고 느슨해서, 하나로 규정하는 데 어려움이 있다. 그러므로 유명인의 스타일이나 유행 등을 막연히 따르기보다는 각자의 개성과 업의 특성에 맞추어 다듬고, 자신의 매력 개발에 투자해야 하는 게 맞다. 그래야 똑똑한 비주얼 전략을 세울 수 있다.

물론, 당신은 이렇게 생각할 수도 있다. '페이스북 창업자 마크 저커버그도 티셔츠만 입고 다니는데 유난 떨기는······.' 하지만 명심해야 할 사항이 있다. 그는 세계적인 부호이며, 애써 옷차림에 주의를 기울이지 않아도, 충분히 실력을 인정받고, 영향력을 행사하는 인물 중 한 명이라는 점이다. 그래서 유난 떤다는 말에는, 좋은 옷을 입거나 고가의 액세서리를 착용하는 것을 단순히 과시 목적으로만 받아들이는 시선이 스며있다고 볼 수 있다. 그런데 실제로는 돈이 많아서 명품을 휘감고 다니는 사람도 있고, 돈은 많지만 옷을 대충 입는 사람도 있다. 어떤 입장을 취할지는 전적으로 자신의 취향과 비주얼 전략에 따라 선택할 일이다. 어디까지나 본인이 상대에게 어떤 사람으로 인식되고 싶은지, 그에 맞춰 스스로를 다듬는 게 핵심이라는 점을 다시 한번 강조한다.

이 기준에서 보면, 나는 외모와 복장에 많은 정성을 쏟는 편이다. 나의 말과 행동을 통해 사람들은 내 전문성을 가늠하고, 나의 모습을 회사 전반의 이미지에 투영한다는 걸 알고 있어서다. 사람들 앞에 설 때, 나는 개인이 아닌 회사로 존재한다고 생각하고 있다. 설명을 조금 덧붙이자면, 내가 운영 중인 806 브랜드는 '토털 라이프 스타일 Total Life Style' 브랜드로서 오피니언 리더와 전문가들을 대상으로 한 지식, 정보, 공간, 네트워크, 문화, 예술 콘텐츠를 폭넓게 제공한다. 이런 회사의 대표인 내가 브랜드 이미지와는 정반대의 허술한 복장과 비속어가 섞인 말투, 느슨한 행동을 보인다면, 내 개인뿐만 아니라 회사의 브랜드 이미지에도 분명히 영향을 미친다. 그래서 내게 고급 수트를 차려입는다는 건, 그저 비싼 제품을 소비한다는 개념이 아니라 회사의 이미지를 대변하고, 가치를 끌어올리는 투자의 개념이다. 안으로 보나, 밖으로 보나, 일치된 정보를 대중에게 제공할 때, 개인 혹은 회사의 능력을 인정받고, 신뢰가 쌓여서 영향력 있는 존재로 거듭나게 되니까.

당신에게는 어떤 능력이 있는가? 또한 당신이 이끄는 조직은 어떠한 경쟁력을 가지고 있는가? 그 능력과 경쟁력은 외적으로 잘 드러나 있는가? 백문이 불여일견이라고 했다. 100마디 말로 설명하는 것보다 한번 보여주는 게 더 강하다. 그러니 실력을 갖추는 것을 넘어, 실력을 드러내는 데에도 신경 쓴다면, 당신의 커리어에는 날개가 달리고, 브랜드에는 후광이 빛날 것이다.

커뮤니케이션 스킬은
부를 쌓는 스킬이다

많은 부자가 입을 모아 말한다. 커뮤니케이션 스킬이야말로 부를 이루기 위한 능력이라고. 커뮤니케이션 전문가로서 이 말에 동의하지 않을 수가 없다. 10여 년 전만 해도 1평 고시원에 살면서 온종일 아르바이트를 해야 하는 처지였지만, 커뮤니케이션 스킬을 활용해 SNS를 키우고, CEO를 가르치며, 브랜드를 성장시켰으니까. 또 이제는 그와 관련한 주제로 책까지 내게 됐다.

그렇다면 어떤 이유로 커뮤니케이션 스킬을 부를 키우는 능력이라고 하는 걸까? 돈이 사람에게서 나오고, 커뮤니케이션 스킬로 사람의 마음을 움직인다는 점을 인지한다면, 바로 이해하리라 생각한다.

우리는 직접 사람을 만나서 거래를 하든, 온라인으로 간접적으로 만나든, 타인과의 소통을 통해 수입을 창출한다. 즉, 돈은 인간관계로부터 나오는 법이다. 이러한 이유로 커뮤니케이션 스킬이 부족하면, 판매하는 상품과 서비스를 매력적으로 어필하지 못하고, 수익도 줄어들게 된다. 또 처음 만나는 사람과 대화할 줄 모르고, 내 능력을 효과적으로 드러낼 수 없다면, 치열한 경쟁 시장에서 도태될 수밖에 없다. 유튜브, 블로그, 인스타그램 등 SNS에서도 마찬가지다. 전하고자 하는 메시지를 짧은 시간에 명확하게 전달하기 위해서는 반드시 커뮤니케이션 스킬을 적용해야 한다. 이때 논리적으로 생각하는 법, 사람들의 이목을 집중시키는 법, 설득력을 키우는 법, 상대방에게 자신 있는 모습을 어필하는 법, 이 모두는 커뮤니케이션 스킬로부터 나온다.

한편, 순자산이 5,000억 원에 육박하는 미국의 사업가 패트릭 벳 데이비드는 "만약 젊은 시절로 돌아가 자신에게 조언을 해준다면 어떤 말을 들려주겠는가?"라는 질문에 이렇게 답했다. "세일즈, 협상, 커뮤니케이션, 돈, 금융과 관련한 모든 책과 강의, 세미나를 섭렵할 것이다." 이 밖에도 세계적인 석학 조던 피터슨의

"생각하고, 글 쓰고, 말하는 법을 배워라. 그것만으로도 상위 1% 가 될 수 있다.", 투자의 귀재 워런 버핏의 "커뮤니케이션 스킬이 야말로 나의 가치를 높이는 제1 능력이다."라는 말에서도 커뮤니 케이션 스킬을 연마해야 하는 이유를 충분히 찾을 수 있다.

그런데도 당신은 다음처럼 반문할 수 있다. "나는 회사를 운 영하지도 않고, 직원이 많지도 않고, 온라인으로 일하는데?"라 고 말이다. 만일 이런 마음이 든다면, 이 물음에 답해 보라. "온라 인 너머에서 화면을 보고, 결제 버튼을 클릭하는 존재는 누구인 가?", "구매가 이루어진 후, 고객 응대를 해야 하는 상황이 온다 면, 누구를 상대해야 하는가?", "거래처와 계약을 하고, 누구와 관 계를 이어가는가?" 모두 사람이다. 결국, 인간이라면 누구나 커 뮤니케이션을 하지 않고 살아갈 수 없으며, 당신이 돈을 한 푼이 라도 벌어들이고자 한다면, 더욱더 커뮤니케이션 스킬이 필요할 수밖에 없다.

여기까지 듣고도 커뮤니케이션 스킬에 대한 가치가 와닿지 않는다면, 커뮤니케이션 스킬 덕분에 비즈니스는 물론 결혼생활, 육아 등 모든 일상에서 계획했던 바를 이루고, 엄청난 이득을 누 리고 있는 나의 고백에 귀 기울여보면 좋겠다. 더불어 내가 진심 으로 전한 커뮤니케이션 스킬을 하나하나 살펴보면서 당신의 것으로 만들기를 바란다. 이 책을 선택한 당신이 어떤 영역에서든지 진정으로 성장했으면 해서 건네는 제안이다.

전혀 어렵게 생각할 필요 없다. 커뮤니케이션 스킬은 변호사의 법률 지식이나 사진작가의 촬영 실력처럼 특정 분야의 전문가만이 구사할 수 있는 특수 능력이 아니니까. 학생이나 주부, 회사원 등 누구나 배워서 쉽게 적용할 수 있는 소프트 스킬이다. 그러니 이 책에서 소개한 6가지 영향력의 법칙을 여러 번 읽고, 실전에서 적용해 나가며, 본인 것으로 만들어라. 자신을 표현하고, 사람을 대하는 역량이 오르는 동시에 지금껏 경험하지 못한 자신감과 용기를 얻게 되리라 확신한다.

아울러 나는 이 책을 집어 든 독자들이 그렇게 되길 바라는 마음으로 원고를 쓰는 내내 다음 3가지를 고려했다. 첫째, 쉽게 읽히게 하는 것이었다. 이를 위해 어려운 표현은 최대한 피하고, 독자와 대화하듯 문장을 이어갔다. 둘째, 실전에 바로 적용할 수 있는 살아있는 지식을 전하고자 했다. 지식의 궁극적인 목적이 현실에서 효과를 발휘하고, 그로써 변화를 일으키는 존재라는 믿음에서 비롯한 부분이었다. 마지막으로, 이론만이 아닌 실제 경험한 바를 담으려 했다. 이에 따라 직접 실천하여 성과를 낸 스토리를 글에 더하기 위해 오랜 시간 노력했다. 이렇게 애정을 쏟은 만큼 나는 이 책이 당신의 삶 굽이굽이에 오랫동안 함께하는 동료 같은 존재가 되기를 소망한다.

사실 〈인플루언싱〉 원고의 초안은 꽤 오래전에 나와 있었다.
하지만 내 삶에 적용해 검증하고, 실제 성과를 달성하지 않으면 책을 낼 수 없다고 생각했다. 숱한 노력과 시행착오 끝에 몇 년 사이 개인적으로도 사업적으로도 성장했고, 덕분에 이제는 자신 있게 이 책의 내용을 세상에 꺼내도 되겠다는 확신이 들었다. 그래서 기쁜 마음으로 이 책을 당신에게 권한다.

책이 나오기까지 참 많은 우여곡절이 있었다. 가장 먼저 이 책의 탄생을 진심으로 응원해 준, 세상에서 가장 현명하고 아름다운 두 여인인 아내와 어머니에게 깊은 감사를 전한다. 특히 아내는 10년 동안 4명의 자녀를 출산해 준 위대한 존재이며, 그녀의 진심 어린 응원과 지지는 내 모든 활동의 알파이자 오메가다. 나의 모친 또한 그 누구보다 간절히 이 책의 출간을 기다려 주었다. 탈고한 원고를 건넸을 때 눈시울을 붉히던 어머니를 생각하면, 지금도 울컥한다. 아울러 오랜 작업 기간을 묵묵히 기다려준 출판사의 대표이자 멋진 동생이기도 한 권민창 대표에게도 고마움을 전한다. 끝으로 나의 인생 슬로건을 외치며, 긴 집필의 여정에 힘찬 마침표를 찍는다.

"Never Give-up Never Stop.
That's NGNS Spirit."

인플루언싱: 영향력의 비밀

돈과 사람을 끌어당기는 6가지 심리 원칙

ⓒ박성운 2024

초판 1쇄 인쇄 2024년 11월 22일

초판 1쇄 발행 2024년 12월 4일

지은이	박성운
편집인	권민창
책임편집	윤수빈
디자인	지완
책임마케팅	김민지, 정호윤
마케팅	최혜령
제작	제이오
경영지원	백선희, 권영환, 이기경

펴낸이	서현동
펴낸곳	㈜오팬하우스
출판등록	2024년 5월 16일 제2024-000141호
주소	서울특별시 강남구 테헤란로 419, 11층(삼성동, 강남파이낸스플라자)
이메일	info@ofh.co.kr
ISBN	979-11-94293-52-1(03190)

마인드셀프는 ㈜오팬하우스의 출판브랜드입니다.